AF402742

BON SENS SOCIAL

ÉTUDES DE

POLITIQUE RATIONNELLE

PAR

ANTOINE MOLLIÈRE

LYON	PARIS
JOSSERAND, ÉDITEUR	DOUNIOL, ÉDITEUR
3, place Bellecour.	29, rue de Tournon.

M DCCC LXXIV

LE

BON SENS SOCIAL

OUVRAGES DU MÊME AUTEUR

Des lois intimes de la Société. Deuxième édition, Lyon, J.-B. Pélagaud, 1867; 1 vol. in-8°. Prix : 6 fr. 50.

Métaphysique de l'Art. Nouv. édit., Lyon, Scheuring, éditeur; imprimerie Louis Perrin, 1868; 1 vol. in-8°, papier vergé & teinté. Prix: 10 fr.

De la destinée humaine, ou Méditations fur la fcience des êtres & de leurs rapports. Lyon, 1873 ; 1 vol. petit in-12, papier vergé & teinté. Prix : 2 fr.

LE

BON SENS SOCIAL

ÉTUDES DE

POLITIQUE RATIONNELLE

PAR

ANTOINE MOLLIÈRE

LYON

P. N. JOSSERAND, LIBRAIRE-ÉDITEUR

Place Bellecour, 3.

M DCCC LXXIV

AVANT-PROPOS

La première Édition de cet ouvrage n'était que la réunion d'une ſérie d'articles publiés dans la preſſe quotidienne, et reproduits, ſans changements et additions notables.

Dans cette ſeconde Édition, l'Auteur a revu et augmenté ſon œuvre de manière à en faire une ſorte de traité élémentaire, à l'uſage de ceux qui n'ont ni le temps ni le goût de ſe livrer à des études plus approfondies fur l'importante matière qui en eft le fujet.

Si la politique n'eft d'ordinaire dans le monde des faits qu'un expédient, qui fe façonne fur les mœurs, les traditions et le génie d'un peuple, elle n'en eft pas moins, dans le monde des idées, une vraie fcience, qui a fon principe générateur et fes lois, inflexibles comme la nature des chofes.

L'Auteur a traité à fond de cette fcience dans un autre ouvrage (1). Néanmoins, entre cette fcience purement fpéculative et la fimple pratique des chofes fociales, n'y aurait-il pas place pour une théorie rationnelle de l'ordre politique puifée aux fources du vulgaire bon fens, et dégagée de tout cet appareil fynthétique, qui rend la fcience fociale peu acceffible au grand nombre? L'Auteur le croit; et c'eft ce qui l'a décidé à rééditer ces pages en les complétant.

Il les adreffe avec confiance à tous ceux qui aiment

(1) *Des lois intimes de la fociété.*

à se rendre compte de leurs pensées en toutes choses. Elles devront suffire pour leur faire apprécier à leur juste valeur bien des ignorances érigées en doctrines et des passions déguisées en professions de foi. On rendra du reste à l'Auteur cette justice, qu'elles ont été rédigées sans aucune préoccupation de popularité.

A. M.

Mars 1874.

LE

BON SENS SOCIAL

ÉTUDES

DE POLITIQUE RATIONNELLE

———◆———

PREMIÈRE ÉTUDE

—

Du Suffrage dit univerſel.

Quand le ſyſtème gouvernemental d'une nation a l'ineſtimable avantage de repoſer ſur le granit de traditions & d'inſtitutions ſéculaires, il eſt peu utile, ſouvent même périlleux, de remuer les queſtions fondamentales de la ſcience politique. Cette nation eſt dans ſa voie naturelle. Qu'elle y reſte donc en toute ſécurité; elle n'a, pour réaliſer tous ſes rêves les plus dorés de bonheur & de bien-être, qu'à ſe laiſſer aller ſans défiance à ce mouvement naturel de progrès qui eſt le reſſort de toute vie morale comme

1*

de toute vie matérielle ; elle réalifera ainfi plus d'ordre & de liberté qu'avec les théories les plus fagement débattues par fes publiciftes & les effais les plus prudemment tentés par fes hommes d'État. Rien ne vaut cette force latente de développement continu que recèlent les nations folidement conftituées.

Il n'en était pas ainfi en 1870 de notre pauvre France. Défaite, hélas! par l'autocratie impériale, par la guerre étrangère & par l'anarchie démagogique, elle était à refaire de fond en comble. Sans inftitutions refpectées, fans foi politique commune, mais divifée, au contraire, par des partis qui tous prétendaient exclufivement à l'honneur de la fauver, elle était arrivée à un de ces moments critiques, où il s'agit pour une nation d'être ou de n'être pas, c'eft-à-dire de fe laiffer aller lâchement à la diffolution qui la gagne, ou de reprendre réfolûment par la bafe l'édifice lézardé & croulant de fa fécurité & de fa grandeur.

Or, en pareil cas, cette bafe inconteftable, quoique fouvent conteftée par un parti auffi inconféquent dans fes doctrines que violent dans fes actes, cette bafe, difons-nous, c'eft le fuffrage

national, mais honnêtement pratiqué & loyalement exprimé. En d'autres termes, il faut confulter
le peuple. Incapable de fe faire lui-même à lui-
même fa loi, abfolument obligé de fubir des chefs,
le peuple eft néanmoins fouvent appelé, par la
coutume ou par la force des chofes, à reconnaître
l'une & à défigner les autres. En cela certains
eftiment qu'il fait acte d'une fouveraineté immanente. Je ne ferais point embarraffé pour prouver
que c'eft bien plutôt acte d'impuiffance effentielle.
Mais là n'eft pas la queftion; c'eft une thèfe trop
haute pour le grand nombre, & trop grave pour
n'être traitée qu'incidemment.

Il fuffit en ce moment de reconnaître que
le fuffrage eft en certains cas le feul roc folide
auquel doit s'accrocher l'ancre du navire en péril,
le feul terrain ferme fur lequel doit s'affeoir le
fondement de l'édifice à reconftruire.

Mais, pour que le fuffrage foit vraiment tel,
pour qu'il recèle en lui le falut continu d'un
pays, il faut affurément qu'il foit réel & fincère,
c'eft-à-dire qu'il repofe lui-même fur le bon
fens & l'intelligence populaires; il faut que le
peuple ainfi confulté puiffe diftinguer lui-même

l'intérêt général au travers des prétentions des partis, & fe fouftraire aux influences malfaines, pour ne fe préoccuper que de l'ordre moral & de la paix matérielle, cette double & néceffaire condition d'être de toute vraie civilifation.

En eft-il ainfi en France à cette heure? Nous ofons dire que non; & nous allons tâcher de le prouver avec la calme raifon d'un homme qui fe place bien au-deffus de tous les emportements des partis, pour ne rechercher que le meilleur point de départ d'une politique férieufe, & ne fe préoccuper que des intérêts permanents de la patrie.

Une fituation exceptionnelle a produit d'abord des réfultats de fuffrage exceptionnels. Je le reconnais & j'en bénis la Providence, qui n'a pas voulu permettre que la grande nation françaife fombrât abfolument dans le grand naufrage dont nous fommes les témoins & les victimes.

Notre malheureux pays, épouvanté par des revers de guerre fans précédents dans fon hiftoire, révolté des iniques ufurpations d'un parti qui ne voyait dans les malheurs publics qu'un prétexte à des dictatures infenfées, auffi dégoûté de l'empire qui l'avait livré à l'étranger que de la république qui voulait le maintenir sous le despotisme brutal des incapables, notre pays, dis-je, se rua à ses comices avec un entrain remarquable & la volonté arrêtée de mettre un terme à tant de calamités & d'attentats ; & il put reconnaître dans l'imposante majorité de ses élus l'expression assez heureuse de ses aspirations & de ses besoins. Serait-ce donc le moment de mettre la cognée au pied de l'arbre qui vient de porter de tels fruits ? A Dieu ne plaise ! Il suffit de l'émonder, de le débarrasser de ses végétations folles, de ses plantes parasites, de ses branches gourmandes, comme le ferait un bon jardinier, assez soucieux de l'avenir pour ne se laisser point prendre aux belles apparences du présent.

Nous estimons donc que le résultat du suffrage actuel ne saurait rassurer pleinement les amis de l'ordre véritable, & qu'en l'état, dans des circonstances ordinaires, ces résultats pourraient être même déplorables. La preuve, hélas ! n'en est pas loin de nous : deux grandes villes, dont l'une est la capitale même de la France, nous l'ont fournie avec luxe & ostentation ; & les dernières élections générales font loin d'être dans l'efprit des premières.

A quoi attribuer ces variations fi bizarres ? Le fuffrage électoral aurait-il fes intermittences & fes éclipfes ? Il fe pourrait. N'a-t-on pas vu Paris, l'intelligente cité, nous donner à trois mois de diftance le fpectacle de la plus étrange palinodie, & porter alternativement fur fon pavois fes défenfeurs éprouvés & l'état-major de fes émeutes ?

Mais, s'il en eft ainfi, il eft bien clair que le corps électoral eft défectueux en quelques-unes de fes parties ; & c'eft le devoir du philofophe comme de l'homme d'État, de rechercher le défaut pour le faire difparaître fans retard.

Eh bien ! nous n'héfitons pas à le dire : le corps électoral a trop de fougue & pas affez de raifon, trop d'entraînement & pas affez d'affife. Il a les défauts de la jeuneffe fans fes avantages, les prétentions de l'âge mûr fans fa prudente lenteur, l'affurance defpotique de la vieilleffe fans les tréfors de fon expérience. En d'autres termes le corps électoral n'a ni affez d'intérêt particulier pour vouloir l'affocier à l'intérêt public dans une commune follicitude, ni affez de tact & de pénétration pour juger les hommes & les bien choifir. Ceci va être établi en peu de mots.

Le droit électoral eſt attribué par la loi à tout citoyen âgé de vingt-un ans, ſans autre condition, ni de cens, ni de domicile... Pourquoi cet âge plutôt que vingt ans, que dix-neuf, & même ſeize qui eſt l'âge de l'imputation criminelle? Qui a pu le décider? Et, ſi on l'a fait, il y a donc quelque choſe au-deſſus du ſuffrage prétendu univerſel? Mais nous avons déjà réſervé pour cauſe la queſtion de ſouveraineté.

La grande raiſon pour l'adoption de ce chiffre de vingt-un ans, raiſon que l'on a cru triomphante juſqu'ici, c'eſt que cet âge eſt celui de la majorité dans la famille, & qu'il a ſemblé naturel & logique d'accorder le plein droit civique à celui qui était en poſſeſſion de la plénitude de ſes droits civils. A cela il n'y a qu'un mot à répondre, mais irréfutable.

Le légiſlateur politique s'eſt abuſé; il s'eſt laiſſé prendre par l'analogie, & l'analogie ici n'exiſte nullement. Où a-t-on pris que le majeur de vingt-un ans avait tous ſes droits dans la famille? Le majeur de vingt-un ans peut, cela eſt vrai, adminiſtrer & aliéner ſes biens, il en eſt le maître. Mais peut-il ſe marier tout ſeul & de ſon plein gré ou caprice ? Non, il n'en a pas le droit : il ne peut, juſqu'à l'âge de vingt-cinq ans, ſe marier ſans le conſentement de ſes père & mère.

Qu'eſt-ce à dire ? C'eſt que, malgré ſa majorité quant aux choſes, il eſt encore mineur quant à ſa perſonne. Le légiſlateur civil avec raiſon a penſé qu'à cet âge, encore ſi près de l'adoleſcence, preſque de l'enfance pour quelques-uns, l'homme n'avait ni la raiſon aſſez ſûre, ni le cœur aſſez ſage, ni l'intérêt aſſez établi, pour jeter les baſes immuables de ſa vie, en un mot pour fonder cette grande & ſainte choſe qu'on appelle une famille.

On objectera peut-être qu'il le peut lorſqu'il a perdu ſes père & mère ; mais l'objection n'eſt pas ſérieuſe. Entre un conſeil de famille évidemment moins affectionné, peut-être même intéreſſé en ſens contraire, & la liberté de l'orphelin, le choix de la loi n'était pas douteux. Cet orphelin était déjà frappé par la mort ; fallait-il encore le frapper par la loi ? Et n'eût-ce pas été aggraver ſon malheur au lieu de l'atténuer, que de lui impoſer une autorité auſſi fictive ? Il n'y avait donc qu'à lui laiſſer ſubir ſon malheur. Mais cela n'a point de trait à l'état du mineur de vingt-cinq ans, qui a le bonheur d'avoir les auteurs & les arbitres dévoués de ſa deſtinée.

Or donc, celui que le légiſlateur civil déclare encore incapable de fonder une famille, voilà que le légiſlateur politique le déclare capable de fonder la famille des familles, l'Etat ! car il me ſemble inutile de démontrer à ceux qui réfléchiſſent, que le moindre des ſuffrages jetés dans l'urne électorale n'en devient pas moins un des atomes formant la maſſe de cette aſſiſe fondamentale ſur laquelle doit repoſer & s'élever l'édifice ſocial. Parlera-t-on encore d'analogie ? Non évidemment. A ces objections tirées de l'inſuffiſance de la jeuneſſe à cet âge, on croira répondre en nous répétant l'éternelle redite de l'inſtruction : Il faut, dit-on, répandre à flots l'inſtruction, & la plus précoce intelligence politique s'enſuivra néceſſairement.

Eh ! certes, nous auſſi nous en voulons de l'inſtruction, & même plus & mieux que ſes prétendus partiſans, car nous la voulons libre & ſaine. Mais ce n'eſt point ici le remède.

Outre que l'inſtruction n'eſt point eſſentiellement affociée à la moralité, & qu'au cas où elle en eft féparée, elle eft même plus dangereufe qu'utile, il eft permis de penfer qu'elle ne fuffit pas toute feule pour l'exercice du droit qui nous occupe.

Le fuffrage politique n'eft pas moins inintelligent à l'âge en queftion dans les claffes éclairées que dans les claffes ignorantes ; & nombre de jeunes gens, fortis des colléges, tout bourrés de latin, voire de philofophie, font auffi inaptes à raifonner fur les vrais principes & les vrais intérêts du pays, à juger de la valeur des candidats dans le rapport de ces principes & de ces intérêts, que le garçon boulanger qui pétrit leur pain ou l'ouvrier cordonnier qui les chauffe.

Dieu me garde, en vérité, de parler mal de la jeuneffe : c'eft l'âge, éternellement admirable, des nobles paffions & des grands facrifices. Mais eft-ce fa faute fi elle n'a pas encore ce qui ne fe conquiert qu'au prix de rudes travaux, fi elle manque furtout de cette faculté de difcernement des hommes, fi rare dans ceux même qui ont longtemps exercé la fouveraine puiffance, & qui ne s'acquiert que par une obfervation réfléchie

& la pratique férieufe de la vie politique à laquelle elle eft encore fi parfaitement étrangère ?

Tout droit veut être mérité, c’eft-à-dire conquis par de généreux efforts ; & la vie politique doit avoir fes falutaires lenteurs d’initiation comme toutes les autres vies.

A ce propos, il eft vrai, on objecte le fervice militaire, & l’on prétend que l’on doit être électeur par cela même que l’on eft foldat.

Ceci eft plus fpécieux que vrai.

La loi d’abord y répond en fixant un âge différent pour ces deux actes civiques ; & dans fon texte le devoir précède le droit. Elle veut en effet qu’on foit foldat dès vingt ans, & ce n’eft qu’ vingt-un ans qu’elle ouvre la porte des comices électoraux aux jeunes citoyens.

Mais qui, d’autre part, ne comprend que, l’intelligence ne fuivant pas une loi de développement auffi précoce que les mufcles, il eft tout fimple d’attendre l’époque de maturité de chaque énergie ; que tout a fon temps & doit venir à fon heure ; qu’il s’agit moins ici du citoyen que du pays, & que tout y doit être coordonné en vue de la meilleure régie de la chofe publique ?

La fcience fociale, du refte, fe complique d'études & d'expérience ; & ce qui complète le mieux fes lumières, c'eft la clarté vive d'un intérêt perfonnel, effentiellement lié à l'intérêt général, & pénétrant dans une intelligence où s'eft déjà régularifé le feu des paffions.

Or, fi Tacite a pu dire que quinze ans eft déjà un grand efpace de temps pour une époque (1), cinq ans au moins feront certes bien quelque chofe dans une vie d'homme, alors que chaque jour de cette période importante de la jeuneffe eft confacré par l'homme à fe créer une pofition, à conquérir fon indépendance & à préparer fon avenir.

Arrivé à vingt-cinq ans, tout homme a déjà tracé une bonne partie de fon fillon, c'eft-à-dire s'eft inftallé & habitué dans une voie profeffionnelle qui doit le conduire, s'il n'y eft déjà, au complément de la vie de famille, le mariage. Tout homme, furtout dans les profeffions laborieufes inférieures, eft, à cet âge, marié ou fur le point de l'être, par la raifon qu'il a pleinement tout ce qui peut s'apprendre, & fuffifamment de ce qui

______

(1) Quindecim annos longi humani ævi fpatium. (Tac., *Agric.*, c. iii.)

ne s'apprend pas : il eſt raiſonnable & inſtruit, intéreſſé à l'ordre ſocial, ou ne le ſera jamais.

Cette dernière condition nous amène à une ſeconde critique du ſuffrage, tel que nous le pratiquons aujourd'hui.

Les garanties d'intelligence politique & de ſens raſſis que préſuppoſe l'âge ne ſont même point ſuffiſantes, à notre avis. Il faut encore celles qui réſultent des intérêts. Le vieux droit diſait : *Point d'intérêt, point d'action ;* nous dirions aſſez volontiers : *Point d'intérêts, point de droits.* Or ces intérêts ſont de deux ſortes : ce ſont ceux de la *famille* & de la *propriété.* Quoi qu'en diſent des théoriciens de moralité équivoque autant que de courte intelligence, l'un & l'autre conſtituent tout ce qui attache l'homme à la patrie ; l'un & l'autre ſont le but naturel & néceſſaire de ſon ardent travail. Mais le travail n'eſt poſſible que dans l'ordre, & rémunératoire que dans la ſphère d'un progrès baſé ſur l'eſprit de conſervation. Il faudrait donc que l'électeur de vingt-cinq ans offrît à la patrie l'une ou l'autre de ces garanties.

Au père de famille qu'on donne le droit électoral ſans condition, nous l'admettons ſans peine,

& même de grand cœur ; cela eft logique. N'eft-il pas déjà revêtu de la fuprême magiftrature domeftique ? ne fe rattache-t-il pas à l'ordre focial par le plus facré des liens & le plus pur des intérêts ? & fubordonner ainfi le grand droit civique à la fainte royauté du foyer, ne ferait-ce pas relever l'un des droits par l'autre, & les affocier par là même en un commun devoir ? Ne ferait-ce pas furtout honorer la famille & la proclamer le germe focial par excellence, le principe & le type de tous les liens qui uniffent les hommes en de plus vaftes fociétés ?

Au célibataire, au contraire, qu'on réclamât la garantie de la propriété, c'eft-à-dire d'un cens électoral à fixer, ce ferait raifonnable. La Convention elle-même l'avait exigé de tous les électeurs : ce cens devait équivaloir à trois journées de travail au moins. Serait-ce être bien rigoureux que d'exiger du feul célibataire ce qu'elle exigeait de tous ? Le célibataire, qui s'affranchit des auftères devoirs de la paternité, qui s'exonère de fes permanentes follicitudes et parfois des rudes travaux qu'elle impofe, le célibataire, difons-nous, fe défend d'ordinaire affez mal du reproche d'égoïfme, de diffipation & d'indifférence, comme il eft de même plus expofé aux féductions des folles utopies & aux tentations des ambitions aventureufes. Les exigences de la loi n'auraient donc rien qui pût, à ce point de vue, faire ombrage même au fentiment démocratique le plus fufceptible.

Ces deux conditions acceptées, il nous femble que les élections feraient déjà plus férieufes, plus graves que celles qui réfultent de votes impofés par d'habiles intrigants à une jeuneffe inconfidérée, emportée, fans attache au fol natal, ftupidement enrégimentée par les fociétés fecrètes ou les réunions publiques, & irrémiffiblement fubordonnée à tous ceux qui lui prêchent l'infubordination.

Mais ce ne ferait point tout encore. Il y a une condition dernière, qui, fans être d'une égale importance pour les élections nationales, devrait être de rigueur pour les élections municipales ; je veux parler du domicile.

Pour avoir droit de vote, pour être, en un mot, *citoyen,* ne faut-il pas être de la *cité ?* Et qu'eft-ce qui le prouvera, fi ce n'eft au moins une réfidence de certaine durée ? Qu'avec les mœurs inquiètes de notre état focial & induftriel, cette durée

ne puiffe être très longue, cela fe conçoit ;
mais qu'on puiffe avoir le droit de nommer les
magiftrats municipaux, de participer ainfi indirec-
tement à la geftion des intérêts de la cité & au
maintien de l'ordre qui eft fa vie, parce que
pendant quelques jours, quelques mois peut-être,
on y aura abrité fa vagabonde exiftence, cela
n'eft ni logique ni jufte ; & le véritable enfant de
la cité, fcandalifé de ces intrufions ridicules, ne
peut qu'en être bleffé dans le plus intime de fon
patriotifme.

Mais jufqu'ici nous n'avons parlé que des
droits des perfonnes ; nous n'avons rien dit de ce
qu'on pourrait appeler le droit des chofes, qui
nous femble pourtant avoir un égal intérêt à
être repréfenté. Une nation en effet fe compofe
non feulement de fa population, mais encore
de fon fol & de fa richeffe en tout genre, en un
mot de fa propriété naturelle & morale, c'eft-à-
dire de fes capacités. Pourquoi donc cette propriété ne ferait-elle pas repréfentée, comme les
perfonnes, dans la difcuffion des lois ? La nation n'y
a-t-elle pas intérêt, puifque tous les intérêts compromis y font folidaires ; & convient-il d'y tout

remettre à la merci du simple nombre ? Le nombre n'eſt qu'une force mathématique, bonne pour régir la ſimple matière, mais inſuffiſante pour gouverner des êtres libres. Il y faut de plus de l'intelligence & la préoccupation des beſoins moraux autant que des beſoins matériels. Sans cela, la ſociété tombe aux mains des inhabiles & des beſoigneux; & malheur à un peuple qui n'a pour force directrice que l'ignorance & des convoitiſes !

Nous juſtifierons plus bas cet ordre de repréſentation, indiſpenſable pour compléter & légitimer l'emploi du ſuffrage dans le régime d'une ſociété. Mais diſons dès à préſent que ſi les aſſemblées légiſlatives du pays ſe compoſaient des élus de ſes capacités de tout genre, c'eſt-à-dire ſi ſes corps de magiſtrature ou d'adminiſtration de tout ordre, ſes ſociétés ſavantes, agricoles ou induſtrielles, y étaient ainſi officiellement repréſentés, on y verrait rayonner toutes ces lumières ſpéciales, toutes ces doctrines élevées en même temps que ces idées pratiques, ſi néceſſaires à la confection des lois, & que ne ſauraient fournir des électeurs aveugles & paſſionnés, choiſiſſant au hafard leurs repréfentants dans la foule confufe des citoyens, fur l'indication de quelque folliculaire de carrefour qui s'eft inftitué de fa propre autorité leur confeil & leur électeur du premier degré. Ce dernier fyftème pourra bien donner des théoriciens vulgaires, de beaux parleurs & d'ambitieux tribuns, entremêlés de quelques honnêtes gens plus ou moins capables, mais de vrais, de férieux, de grands légiflateurs, jamais.

Parlerons-nous maintenant du mode d'exercice de ce droit électoral, fi précieux pour le citoyen, & qui importe fi fort à la chofe publique ?... Convient-il de le faciliter autant dans les villes & de le rendre par contre fi difficile & fouvent prefque impoffible dans les campagnes, en leur impofant le vote au canton, c'eft-à-dire à de nombreux kilomètres de diftance ? Serait-ce là l'application républicaine du principe fi ardemment réclamé de l'égalité politique ?...

Je fais bien que le fuffrage des campagnes a été auffi fufpect aux démocrates que celui des villes leur eft cher, & qu'ils étaient dans l'ufage de prétendre que l'un eft éclairé & l'autre entaché d'ignorance. Ceci pourtant ne tient qu'à une confufion inadmiſſible & très facile à débrouiller. La population éclairée des villes vote comme les plus ſaines campagnes ; & ſi leur ſuffrage général eſt autre, c'eſt à celui de leurs faubourgs, c'eſt-à-dire de leur population la moins éclairée & la moins morale, qu'on le doit. Du reſte, villes & campagnes peuvent ſe renvoyer bien des objurgations bleſſantes, plus ou moins méritées de part & d'autre ; cela importe aſſez peu. Y a-t-il un juge pour décider entre elles ? Et puis de quel droit les votes ne ſe vaudraient-ils point dans un ſyſtème qui a pour baſe l'égalité, & qui appelle au même ſcrutin Monteſquieu & ſon valet de chambre ? Enfin rien n'eſt ſtable de ce qui eſt inintelligent ; & le ſuffrage des campagnes peut, à un moment donné, trahir les intérêts de l'ordre ſocial comme il les ſauvegarde en d'autres temps.

Et que penſer encore de ce bizarre ſcrutin de liſte, que préparent & impoſent néceſſairement aux maſſes inertes les plus ardents ou les plus ambitieux : ſorte de ſcrutin à deux degrés, ſans contrôle pour le premier & ſans grande intelligence poſſible pour le ſecond ? Comment en effet l'électeur illettré peut-il juger de la valeur d'un bulletin collectif qui contient pour Paris, par exemple, jufqu'à quarante-trois noms, quand l'homme intelligent & éclairé a fouvent tant de peine à apprécier & juger un feul homme? Ne vaudrait-il pas mieux faire élire l'électeur au premier degré dans la commune, & réunir ces électeurs au canton ou au chef-lieu pour y élire le député? Cela ne ferait-il pas préférable à ce pêle-mêle d'une élection multiple, contre laquelle on ne peut réagir du refte qu'en perdant fa voix?

Ne devra-t-on pas auffi préférer au vote par bulletin imprimé le vote écrit par l'électeur en préfence du bureau, fauf à ne rendre cette prefcription de la loi obligatoire qu'après un délai qui donnerait à chacun le temps de fe mettre en mefure de fatisfaire à cette exigence? Ne ferait-ce pas glorifier l'inftruction que de l'exiger pour l'exercice d'un droit, & faire en même temps du feul enfeignement obligatoire compatible avec la liberté?

Enfin, comme le droit électoral n'eft point introduit au profit feulement de celui qui l'exerce, mais encore & furtout pour le bien de la fociété qui l'attribue & le garantit, ne devrait-il pas en être des négligences dont il eft l'objet comme de celles qui concernent le droit de judicature attribué, & à quel âge encore ! pour les faits criminels au fimple citoyen ? Ne devrait-on pas affimiler l'électeur qui s'abftient de voter au juré qui ne répond point à l'appel de la loi, & le frapper de la même amende ? Outre que cette févérité donnerait fatiffaction à la légitime indignation des citoyens fidèles à ce devoir, elle aurait encore l'avantage de fixer le chiffre réel des majorités & d'empêcher par conféquent des minorités chétives d'ufurper des nominations qui ne font que des furprifes, des dérifions du fuffrage univerfel.

Il refterait évidemment à réglementer les cas d'excufes légitimes, comme on le pratique pour le jury, mais en faifant la part des différences qui réfultent de la nature même des devoirs à accomplir.

Athènes, cette démocratie fi vantée, payait fes citoyens pour les déterminer à exercer leurs droits ! En devrions-nous revenir à ce bel ufage pour nos élections ; & nous faudra-t-il auffi diftribuer le *triobole* ?... J'aime mieux l'amende ; c'eft plus jufte & moins coûteux. Mais parlez donc des droits du peuple, & glorifiez le fuffrage comme l'ancre de falut de la fociété menacée, lorfque les plus intéreffés de ce peuple au maintien de l'ordre en font un tel cas !...

Le fuffrage enfin eft-il donc univerfel, quand le quart des électeurs infcrits fuffit pour l'élection ? Il nous femble, à nous, que le fuffrage n'eft rien qu'une fiction décevante, s'il n'eft pas l'expreffion réelle de la majorité d'un peuple, difpofant ainfi de lui-même, en défignant ceux qui lui paraiffent les plus dignes de le diriger dans la voie de l'ordre et d'un fage progrès. Nous ferions donc affez d'avis que le mandat électoral ne fût cenfé donné que dans le cas feulement où la majorité abfolue des infcrits l'aurait déféré, & que, dans le cas contraire, le collége en queftion ne fût pas repréfenté dans les confeils de la nation, du département ou de la commune : ledit collége n'ayant à s'en prendre qu'à lui-même de cette privation. Il aurait alors à s'entendre, de parti à parti, pour faire ceffer cet état neutre au fein de l'activité électorale réalifée dans le refte du pays. Cette règle ferait encore plus défirable fi l'élection manquait par le fait de l'abftention des électeurs : les abftenants étant ainſi reſponſables de ce réſultat redouteraient, contre les pénalités ſuſdites à ſubir, à encourir les ſévérités de l'opinion & les colères de tous les partis. Une nation n'eſt digne de la liberté qu'à la condition de la pratiquer virilement & avec une perſiſtante énergie.

On nous dira peut-être que les réformes par nous réclamées riſqueraient de porter une grave atteinte à cette univerſalité du ſuffrage, ſi chère aux démocrates en théorie, ſi fictive & ſi méconnue par eux en réalité. Cependant, ſi nous voulions à ce propos les embarraſſer ſérieuſement, ne pourrions-nous auſſi leur demander, avec bien plus de raiſon, pourquoi les femmes, c'eſt-à-dire la franche moitié de la maſſe électorale, ſont exclues par eux des comices de la nation? Eſt-ce l'intelligence ou l'intérêt qui leur manquent, elles qui ont fourni à l'élite humaine tant d'éminents eſprits, & que la loi, d'autre part, tient encore ſous un joug ſi peſant? Ne pourraient-elles, au premier de ces deux points de vue, ſoutenir avantageuſement la comparaiſon avec les rois de la création? Serait-ce donc que la royauté du foyer, du moins, aurait trouvé grâce devant ces républicains si radicaux ?

Au risque de provoquer leurs ricanements, qui ne disent guère & dissimulent mal l'entorse que fait cette exclusion à la logique de leurs théories, nous osons dire que le droit du suffrage pour les femmes est indiscutable dans l'ordre des idées démocratiques; & nous rappelons que déjà même d'éminents esprits s'en sont faits les champions.

Dans l'ordre des idées contraires, serait-il donc même si indigne d'attention ? Et, sans avoir recours au précédent célèbre de nos ancêtres les Germains, qui ne dédaignaient point de les consulter, même sur les plus grands intérêts de la nation, ne pourrait-on soutenir avec certaines chances de succès que l'intelligence plus pratique des femmes, leur esprit de famille & de propriété plus conservateur, leur sens religieux plus vif, leur intérêt dans les réformes légales plus grand, ne feraient pas un contre-poids inutile aux impérities & aux étourderies masculines dans le choix des nombreux souverains que se donne le suffrage populaire ? Mais il n'est point question de cette piquante nouveauté, qui doit rester probablement longtemps encore dans le domaine de la pure utopie.

En dehors de cet amendement peu fympathique au fexe fort, il nous femble que le fuffrage établi, réglementé & fanctionné conformément aux obfervations qui précèdent, ferait quelque chofe de plus férieux, de plus rationnel & de plus utile que l'efpèce d'*Alea* confufe, de laquelle nous faifons dépendre le fort du pays.

Sans doute ce fuffrage pourrait avoir encore fes erreurs & fes défaillances. Nous ne fommes pas de ces philofophes à la Rouffeau, qui, naïvement & en bons courtifans du peuple, affirment que *la volonté* de cette Majefté *eft toujours droite ;* nous croyons au contraire fermement à fa faillibilité & à fon inconftance. Aux dévots du peuple fouverain nous dirions volontiers avec le Lamartine des anciens jours :

> Objet de fes amours frivoles,
> Ne l'as-tu pas vu tour à tour
> Se forger de frêles idoles,
> Qu'il adore & brife en un jour?
>
> (*Méd.*)

Mais nous croyons auffi non moins fermement que les bonnes règles foutiennent les plus in-

firmes natures, que les garanties multipliées forti-
fient les faibleffes, & que la raifon enfin & l'intérêt
fagement combinés peuvent contrebalancer &
fouvent vaincre les infanités de la paffion populaire la plus furexcitée. C'eft pour cela auffi que
nous penfons qu'on ne faurait entourer de trop
de conditions d'intelligence, de moralité & de
fauvegarde un acte, qui, dans l'état turbulent de
nos mœurs, eft fi fouvent renouvelé & pris pour
bafe de nos reconftitutions politiques.

En réfumé : 1° l'âge élevé à vingt-cinq ans;
2° être père de famille, finon payer un cens à
fixer; 3° avoir un domicile d'un certain nombre
d'années pour le vote municipal; 4° vote pri-
maire à la commune & fecondaire au chef-lieu;
5° écrire foi-même fon vote; 6° néceffité de la
majorité abfolue des électeurs infcrits; 7° amende
fulminée contre les électeurs s'abftenant; 8° enfin
repréfentation non-feulement des individus, mais
encore de tous les intérêts et de toutes les capacités du pays.

Ces *defiderata* font des vœux de bon fens pratique, dont la réalifation ferait, nous ne craignons

pas de le dire, progreffer les mœurs, les inftitutions & le civifme du peuple, fans affecter en rien ces idées de liberté, dont il fe montre fi jaloux, & dont le fyftème actuel n'eft cependant que la contrefaçon & la parodie.

Il y aurait bien encore quelque chofe de plus fûr & de plus radical pour affurer la fincérité du fuffrage & fon intelligence : ce ferait le vote par ordres & par corporations, comme il fe pratique en Angleterre. Mais cela préfuppofe la queftion même des corporations, dont nous aurons à parler plus bas ; nous remettons donc à rappeler alors fa connexité avec celle de l'organifation du droit électoral. Au fond, du refte, quelle que foit l'expreffion de liberté progreffive que porte en foi le fuffrage dit univerfel, & parfois fa néceffité pour reconftituer une nation, n'oublions jamais qu'il eft le nombre, c'eft-à-dire la foule, c'eft-à-dire l'inintelligence, ou, fi l'on veut, la moindre intelligence ; qu'il ferait par conféquent quelque peu naïf d'en attendre la défignation très intelligente des chefs ou ferviteurs de la nation, & des votes très éclairés fur les grands intérêts fociaux.

—

Des Caractères de l'autorité en matière politique.

Je vais aborder une queſtion qui eſt fort à l'ordre du jour, mais qui me ſemble être pour beaucoup d'eſprits l'objet d'une grande mépriſe. Je veux parler du caractère du droit ſouverain dans les divers gouvernements qui ſe diviſent la ſociété humaine.

C'eſt un lieu commun de la polémique politique d'oppoſer les gouvernements républicains aux gouvernements monarchiques, en donnant le nom de gouvernements *de droit divin* à ceux-ci & en réſervant à ceux-là ſeuls celui de gouvernements *de droit humain*.

Il ſemblerait ainſi que le droit divin & le droit humain ſe diviſent & ſe diſputent le monde ; &, comme la tendance malheureuſe des idées modernes en politique eſt d'éliminer, autant que poffible, Dieu lui-même de fon œuvre, on dirait que ces qualifications n'ont été imaginées que pour avoir le droit de mettre *a priori* en honneur les gouvernements de pure élection & de difcréditer radicalement les autres.

Ne voulant point être long ni bleffant, j'ofe dire du premier coup : Il y a là une idée que je crois fauffe & qui rifque d'être impie.

Evidemment, d'abord, ceux qui font cette diftinction croient en Dieu ou femblent y croire. C'eft donc à eux feuls que je vais m'adreffer, pour concilier ce qu'ils pofent à l'état d'antagonifme.

Quant à ceux qui ne croient pas à ce principe vivant & néceffaire de tout être & de toute puiffance, je me bornerai à les prier de remarquer qu'il ne leur refte, pour affurer l'ordre dans le monde, que l'intérêt affez fouvent aveugle & la force effentiellement inintelligente, tous deux abfolument infuffifants à raifonner & impofer le devoir. A eux d'y pourvoir à leur guife ; mais, à coup fûr, la raifon n'a rien à voir dans une théorie qui exclut la raifon fuprême, type, fource & fin de toutes les raifons.

Maintenant juftifions notre dire ; peu de mots, fimplement explicatifs, y fuffiront. En effet, fi l'on n'agite qu'une queftion d'origine & de forme extérieure, il eft certain que tous les gouvernements font humains & de droit humain ; car (à une feule exception près, & qui ne fut que tranfitoire, celle du peuple juif) aucun gouvernement ne peut férieufement fe flatter d'être d'inftitution furnaturelle : jamais ange, affurément, n'eft defcendu du ciel pour oindre un mortel de l'huile fainte & le facrer roi au nom de Dieu.

La fainte Ampoule eft une légende, qui peut être d'un grand fens à un autre point de vue, mais à laquelle, certes, aucun monarchifte raifonnable n'a fongé à rattacher hiftoriquement le droit royal français. Le fait de Jeanne d'Arc encore, qui nous apparaît comme une intervention divine manifefte dans la reftauration de ce droit, ce fait, dis-je, ne faurait être objecté non plus ; car il prit & laiffa ce droit dans fes conditions humaines d'alors, qui étaient tout autant la tranfmiffion héréditaire que la confécration religieufe. En dehors de ces faits mal compris, les partifans du droit de Dieu fur les fociétés ont-ils jamais avancé cette étrange &

folle prétention de faire intervenir, directement & à tout propos, la Divinité dans les affaires humaines ? & les adverfaires de ce droit manqueraient-ils de bon fens ou de bonne foi à ce point, qu'ils fe donnaffent le ridicule ou l'odieux de la réfuter férieufement ?

Oui, l'origine du pouvoir humain, quoique fouvent enveloppée de nuages, ne peut être inconteftablement qu'un fait d'hiftoire humaine ; & la forme extérieure de ce même pouvoir éft manifeftement encore un réfultat complexe, parfois affez contefté mais le plus fouvent certain, de la géographie, des traditions, de la race, des mœurs & de la volonté implicite ou explicite d'un peuple : forme du refte changeante & modifiable, dans la mefure exacte de la fageffe & du fentiment du droit chez ce même peuple.

Cela eft clair, indifcutable. A ce point de vue, il n'y a pas, on ne faurait trop le répéter, de gouvernement, quelque antique, quelque refpectable & refpecté qu'il puiffe être, qui foit autre chofe qu'une œuvre directe de l'homme ou une œuvre implicite des hommes, c'eft-à-dire du temps.

Les théoriciens de l'hiftoire ont eu beau inventer un mot favant & fonore, celui de *Théocratie*, pour exprimer la prépondérance de l'élément facerdotal dans la conftitution de la fociété humaine, la Théocratie proprement dite, foit le gouvernement direct de l'homme par Dieu, fauf le cas plus haut cité & certaines contrefaçons chez les peuples defcendus au dernier degré de la barbarie fuperftitieufe, la Théocratie n'eft pas de ce monde ; & les gouvernements prétendus théocratiques ne font que des gouvernements où l'élément religieux fe borne à remplir le rôle (*vices gerit*) de l'élément humain ordinaire, dans toutes fes conditions de faibleffe & de faillibilité. Tel était, par exemple, le gouvernement temporel du pape, où le chef de l'Eglife n'était qu'un fouverain ordinaire ; il avait beau en effet exercer ce gouvernement en qualité de vicaire du Chrift, & pour la fauvegarde de fon indépendance fpirituelle, fa perfonne fe dédoublait en quelque forte, & fa puiffance à l'endroit du temporel n'avait d'autre caractère que celui des autres autorités politiques.

Non, il n'eft pas donné à l'homme, en cet ordre purement humain, de repréfenter Dieu pleinement & de régir directement les hommes pour lui. En honorant l'homme du plus facré des dons, la liberté, Dieu l'a, en effet, invefti du droit augufte de fe conftituer en fociété de fon choix & d'en prendre l'initiative comme auffi d'en affumer la refponfabilité.

Mais s'il eft jufte de reconnaître que tel eft le caractère effentiel des gouvernements confidérés au fimple point de vue de leur origine hiftorique & de leur forme extérieure, s'ils font tous, à cet égard, de droit purement humain, il ne fera pas moins exact d'affirmer (& en cela je n'étonnerai que des fceptiques ou des irréfléchis) que tous les gouvernements, tous, font en même temps *de droit divin*, lorfqu'on les confidère au point de vue plus élevé de la raifon d'être de leur autorité.

Les gouvernements font évidemment inftitués pour intimer l'ordre dans la fociété humaine ; car ce mot *intimer*, qu'on veuille bien le remarquer, fignifie à la fois *interner* & *commander*. C'eft pour cela qu'on voit des hommes commander à d'autres hommes. Je vois bien, je comprends fans peine qu'un impérieux befoin d'ordre rende néceffaire ce commandement. Mais en vertu de quel droit l'homme commande-t-il à l'homme ? Là eft la queftion.

Eft-ce en vertu d'une fupériorité d'intelligence ou de moralité reconnue ? Hélas ! rarement le confeil d'Alexandre mourant eft fuivi, & le pouvoir attribué *au plus digne*.

Eft-ce en vertu d'une fupériorité de conftitution & de force phyfique qui s'impofe d'elle-même ? Mais alors c'eft une queftion de mufcles ou de nombre, & nullement une queftion de droit.

L'égalité de nature devrait rendre les hommes inconteftablement indépendants les uns des autres ; & cependant on les voit en tout & partout fubordonnés les uns aux autres, dans l'ordre politique, comme dans l'ordre domeftique, & même dans l'ordre religieux.

Ce phénomène d'autorité fociale, qui ne chôme jamais, qui fe reproduit fubitement, & comme de foi, à chaque nouveau renverfement ; cette fubordination continue, volontairement confentie & même recherchée, entre des êtres dont la nature femble fi formellement l'exclure, eft, à coup fûr, un fait fort fingulier, & qui doit donner à penfer à tous ceux qui cherchent la raifon des chofes.

Sans doute, dans la famille, il s'explique par le droit purement naturel & vraiment divin dupère, ce mandataire direct du Père premier & éternel. N'eft-ce pas, en effet, par Dieu & dans l'ordre des lois phyfiologiques par lui établies, que les familles font fécondes, & que le père eft honoré de cette fuprême autorité, de toutes la plus refpectable, parce que fa charte eft gravée de nature dans le cœur du commandant tout auffi profondément que dans celui du commandé ?

De même encore, dans l'Églife, & même dans toute églife, la néceffité d'un lien de foi, au fein d'une fociété qui fe prétend iffue de Dieu, rend raifon d'une autorité fpirituelle, plus ou moins férieufe, pour maintenir l'intégrité de ce lien & en condamner les ruptures.

Dans ces deux cas, comme la contrainte phyfique eft à peu près nulle au premier & qu'elle eft purement morale au fecond, je comprends qu'on s'incline devant cette double fuprématie, fans difcuter des droits d'une part incruftés dans l'organifme phyfique & moral des êtres qu'ils régiffent,

& de l'autre librement acceptés par la société fpirituelle qui les fubit.

Mais dans la fociété politique en eft-il ainfi ? Hélas ! on ne peut le dire. Évidemment, au contraire, l'autorité de fon gouvernement n'eft ni auffi naturelle, ni auffi fympathiquement obéie. Tout en s'appuyant fur un droit quelconque, le gouvernement de cette fociété ne dédaigne point la force ; & cette force même fi fouvent décide de fa deftinée, que certains violents ont pu prétendre à ce fujet que *la raifon du plus fort eft toujours la meilleure,* fans fe douter, il eft vrai, que ce ne devrait être que la métaphyfique & la morale des loups & non celle des hommes.

Cependant la force feule, deftituée d'un droit qui la dirige, ne fonde rien de durable, rien furtout de refpectable : elle peut contraindre, brifer, écrafer, mais faire obéir dans le fens vraiment noble de ce mot, jamais. Cet état violent n'eft pas un ordre, mais une fervitude fociale, où le commandement eft fans déférence comme la foumiffion fans dignité ; c'eft un fimple problème de dynamique ; ce n'eft plus une fociété d'êtres intelligents & libres, une fière hiérarchie de volontés. C'eſt la force, en un mot, qui n'eſt qu'une impuiſſance ou qu'un crime ſans le droit.

Mais ſi la raiſon d'être du pouvoir humain n'eſt pas dans la force, il faut bien, de rigueur, qu'elle ſoit dans une loi eſſentielle, ſupérieure au commandant comme au commandé, impoſant au premier la ſageſſe comme au ſecond le reſpect, légitimant l'emploi de la force dans la main du droit, protégeant la liberté à l'égal des intérêts, ſauvegardant les petits comme les grands, les riches comme les pauvres, les faibles comme les forts, & juſtifiant toutes ces différences de deſtinées par le développement normal de la liberté de chacun & les ſouveraines exigences de l'ordre & de la paix de tous.

Oui, la raiſon d'être du pouvoir eſt dans cette force morale près de laquelle la force matérielle n'eſt qu'un jeu d'enfant, dans cette force qui domine & régit les conſciences comme les bras, & fait de tout ſubordonné un coopérateur bénévole de ce pouvoir dans ſes efforts de pacification & de bon gouvernement.

Or, cette loi eſſentielle, principe de tout devoir en bas, expreſſion de tout droit en haut, cette loi ne serait-elle qu'une formule de la raison de l'homme, qu'un mot sonore, vain produit de ses lèvres si faillibles ? Supérieure à l'homme, régissant l'homme, pourrait-elle n'être que son œuvre ? & l'homme, en cette hypothèse, serait-il assez sot pour s'y soumettre ? Lui qui se prétend si éclairé, si instruit sur ses droits, s'agenouillerait-il donc comme le sauvage devant cette dernière idole, devant ce fétiche de la loi, sans lui verbe impuissant & muet ? Père de cette loi, enfin, consentirait-il ainsi à se soumettre à son propre enfant ? Non, évidemment; ce qui est supérieur est par là même préexistant : toute loi suppose un législateur, comme toute justice un justicier; & ce législateur, ce justicier peut-il être autre que le Dieu provident, qui veille sur son œuvre, même à travers l'humaine liberté ?

Si donc il est vrai que la société humaine ne puisse exister sans autorité, s'il est vrai que la force ne peut seule accomplir l'œuvre sociale, qu'il faut que la conscience y soit intéressée & que le pouvoir puisse l'engager par ses prescriptions, il est clair comme le jour que l'homme seul n'y suffit pas, & que l'autorité humaine, que toute autorité humaine doit procéder virtuellement de Celui qui eft l'autorité radicale, comme il eft la paternité effentielle.

En d'autres termes, pour que l'homme foit tenu de s'incliner devant l'homme, il faut qu'un fceau divin marque au front le dépofitaire tel quel de l'autorité fociale, & que fa loi foit en parfaite harmonie avec celle même de Dieu. Sans cette double condition, on ne pourrait exiger de l'homme aucune foumiffion raifonnable ; car tout homme de cœur aurait raifon, au contraire, de la refufer à fon femblable, qui ne ferait que fon égal, & fouvent même que fon inférieur en force, en intelligence ou en moralité. Ce ferait ainfi l'anarchie doctrinale ou la négation rationnelle de tout pouvoir.

Mais cet état eft le défordre abfolu ; &, comme la fociété veut l'ordre à tout prix, à défaut de l'autorité qu'elle aura violemment renverfée, on la verra fe foumettre très humblement & très vite aux plus ignobles ufurpateurs de fes volontés & jufqu'à des dictateurs de ruiffeau. Déplorables pouvoirs, qui n'en feront cependant pas moins

que les autres, en un certain fens, de droit divin !
pouvoirs de juftice divine, comme les autres le
font de divine bienveillance, & qui femblent avoir
pour miffion de punir les fociétés coupablement
infurgées contre leur vrai droit !

Le peuple fe figure qu'il *crée* le pouvoir parce
qu'il le *défigne*. C'eft à peu près comme fi les aftro-
nomes fe figuraient créer l'aftre que leurs lunettes
découvrent dans les fombres immenfités du ciel.
Il eft vrai que dans le premier cas, l'aftre n'étant
pas auffi lumineux, l'aftronome y doit mettre un
peu du fien, bien que l'aftre, de fon côté, faffe
de terribles avances à la lunette.

Cette confufion d'idées eft l'erreur propre des
temps de gouvernements électifs. A force de nommer le pouvoir, on arrive à s'en croire le poffef-
feur ; en d'autres termes, à force d'en être le
moyen, on finit par s'en proclamer la *fource.*

Mais la fuite de ces Études fera mieux comprendre combien eft grande cette fingulière illufion de fouveraineté.

Comme on le voit, le droit divin n'eft point *ce
qu'un vain peuple penfe ;* ce n'eft pas un caractère
furnaturel, directement impofé au pouvoir hu-

main ou prétendu par lui; c'eſt une vertu ſecrète qui le pénètre, ſouvent à ſon inſu, de l'autorité divine, & lui donne, par là même, ſa vraie raiſon d'être. Faut-il en conclure que le pouvoir humain en devient infaillible & impeccable ? Hélas ! l'hiſtoire eſt là pour répondre. Tous les gouvernements, au contraire, ont été affreuſement abuſifs. Monteſquieu a pu dire : « Si je voulais raconter « tous les maux qu'ont produits dans le monde « les lois civiles, la monarchie, le gouvernement « républicain, je dirais des choſes effroyables; » &, ſi Monteſquieu écrivait pendant les hontes fangeuſes de Louis XV, il n'avait pas vu les ſaturnales ſanglantes de 93.

Telle eſt, très brièvement expoſée, ce que nous croyons être, en matière d'autorité ſociale, la vraie doĉtrine, réſumée dans cette parole ſi profondément philoſophique de ſaint Paul : « Il n'y a point « de puiſſance qui ne vienne de Dieu. »

Les formes variables de monarchie ou de république que cette autorité peut affeĉter, ces formes, dont le commun des eſprits ſe préoccupe ſi fort, importent donc peu à cet égard, & ne ſauraient changer ce double caractère, à la fois *divin & humain*, qu'elle revêt toujours aux yeux des peuples.

Le premier de ces caractères relève l'autorité en honorant l'obéiſſance ; le ſecond reſtreint l'une & l'autre aux proportions du juſte & de l'utile ; & tous les deux compoſent une ſorte de puiſſance mixte, laquelle, puiſant dans l'un ſa force & dans l'autre le ſentiment de ſa faibleſſe, ſe trouve ainſi admirablement appropriée à ſa fin, qui eſt de commander à l'homme au nom de l'homme, en méritant ſon reſpect au nom de Dieu.

Mais produiſons nous-même en finiſſant une autorité de quelque poids à l'appui de notre dire ; car l'autorité eſt bonne en toutes choſes, même dans les choſes de l'eſprit : « *Les diſſenſions af-* « *freuſes, les déſordres infinis qu'entraînerait le dan-* « *gereux pouvoir dans le peuple de changer de gouver-* « *nement, montrent plus que toute autre choſe combien* « *les gouvernements avaient beſoin d'une baſe plus* « *ſolide que la ſeule raiſon, &* COMBIEN IL ÉTAIT NÉ- « CESSAIRE AU REPOS PUBLIC QUE LA VOLONTÉ DI- « VINE INTERVÎNT POUR DONNER A L'AUTORITÉ « SOUVERAINE UN CARACTÈRE SACRÉ ET INVIOLABLE

« QUI OTAT AUX SUJETS LE FUNESTE DROIT D'EN DISPO-
« SER. *Quand la religion n'aurait fait que ce bien aux*
« *hommes, c'en ferait affez pour qu'ils duffent tous la*
« *chérir & l'adopter, même avec les abus, puifqu'elle*
« *épargne encore plus de fang que le fanatifme n'en a*
« *fait couler* (1). »

Celui qui parle ainfi eft l'auteur même d'un livre jadis fameux, maintenant auffi oublié qu'il mérite de l'être, & qui a titre : *le Contrat focial.* Quand le théoricien le plus radical des idées révolutionnaires reconnaît d'une façon auffi expreffe la néceffité du droit divin, on peut croire la queftion réfolue, & confidérer ce droit, non point feulement, au dire de notre philofophe, comme une intervention accidentelle de la volonté divine, mais comme fon action immanente & permanente en tout pouvoir humain, pour lui donner le droit de commander & partant d'impofer le devoir d'obéir.

La négation de ce droit, qui a fi fort cours de notre temps, outre fa fauffeté manifefte, préfente donc le grave danger d'engager, à leur infu fans

---

(1) J.-J. ROUSSEAU, *Difcours fur l'inégalité des conditions.*

doute, les théoriciens politiques & les gouvernements dans la voie d'un athéifme focial, gros de
defpotifme déraifonnable & de cataftrophes expia-
toires. L'homme, en effet, refte feul alors au-deffus de l'homme avec fon orgueil & fes paffions
égoïftes; & il ne fe peut que Dieu, en retirant fa
main de ceux qui la repouffent, ne faffe pas comprendre, par les conféquences de cet abandon, que
la fociété, pas plus que l'individu, ne peut, fuivant la grande penfée de faint Paul, «vivre, fe mouvoir & exifter » en dehors & en fe paffant de Lui.

Quant aux formes des gouvernements humains,
c'eft une queftion moins haute, & qui, ainfi que
nous l'avons dit plus haut, n'a rien de commun
avec celle que nous venons d'examiner. Elle importe néanmoins grandement; car, bien qu'elle
n'appartienne en apparence qu'à l'ordre des faits,
en réalité elle n'en relève pas moins auffi des lois
de la raifon pure; & il eft des moments dans la
vie des peuples où tout femble dépendre de fa fo-
lution. Il ne ferait donc pas mal de l'aborder
également avec tout le fang-froid d'un patriotifme
éclairé.

—

De la forme des gouvernements.

Le pouvoir focial eft évidemment de conftitution humaine ; mais de ce que l'homme a le droit de le conftituer à fon gré, il ne s'enfuit pas, avons-nous dit dans notre précédente Etude, que Dieu foit étranger à ce pouvoir ainfi établi. Il y a plus : tous les pouvoirs humains, tous fans exception, ont, à un certain point de vue, & à l'infu de l'homme qui croit en être le feul artifan, une origine & un côté myftérieux. C'eft en ce fens que Fénelon a excellemment dit : *L'homme s'agite, mais Dieu le mène*, & que faint Paul, encore plus explicite, après nous avoir affirmé déjà qu'*il n'y a point de puiffance qui ne vienne de Dieu*, ajoute : *& celles qui exiftent font ordonnées par Lui* (1).

Plus tard nous tenterons de fcruter ces chofes. Maintenant, après notre Etude fur les caractères

(1) Rom., xiii, 1.

de l'autorité politique, paſſons du fond à la forme c'eſt-à-dire de la raiſon d'être de l'autorité à la manière d'être de cette même autorité.

Il ſemblerait que ce dût être une queſtion ſimple & facile à réſoudre. Loin de là, c'eſt ſur ce point au contraire que ſe réuniſſent & s'accentuent les paſſions, les diſcuſſions, les violences. Hélas ! il faut bien le dire, c'eſt que c'eſt plutôt encore affaire d'ambition & de cupidité que de logique & de principe, & que la convoitiſe y a plus de part que la raiſon.

A qui reviendra le pouvoir ? A qui le miniſtère ſocial de tout ordre ? Vaſte proie, & multiple, que convoitent tous les regards, que ſe diſputent tous les orgueils & tous les appétits.

Tacite, avec ſa conciſion habituelle, a réſumé cette queſtion des formes gouvernementales en quatre hypothèſes : *Cunctas nationes & urbes populus, aut primores aut ſinguli regunt. Delecta ex his & conſociata reipublicæ forma, laudari potius quam evenire, vel ſi evenit, haud diuturna eſſe poteſt* (1). « Toutes les nations & villes, dit-il, ſont

_____
(1) *Annal.*, l. IV, c. XXXIII.

« régies ou par le peuple, ou par les principaux,
« ou par un feul. Une forme de république com-
« pofée de tous ces éléments affociés eft plus
« belle à imaginer que facile à réalifer ; &, fi elle
« fe réalife, elle ne peut être durable. »

Selon l'illuftre hiftorien, les trois premières
hypothèfes feraient ainfi feules poffibles, & la
quatrième ne ferait qu'une féduifante chimère.

Cela pouvait être vrai de fon temps. Depuis
lors la civilifation a marché ; la chimère eft devenue une réalité, & une réalité durable. Mais n'an-
ticipons pas.

Gouvernement populaire, gouvernement oli-
garchique, gouvernement monarchique, ou les
trois combinés en un feul : voilà donc les quatre
formes que peut affecter la chofe publique, ou la
république, comme on difait autrefois, en prenant ce mot dans un fens beaucoup plus large &
moins paffionné qu'on ne le prend de nos jours.

Quant à leur réalifation, elle s'opère néceffairement ou par l'élection pure, ou par la tranfmiffion héréditaire, ou par ces deux moyens réunis.

Tel eft le réfumé du mobile phénomène de
l'évolution fociale.

Maintenant, en face des prétentions exclusives, & quelques-unes si brutales, des opinions politiques qui se disputent le monde, se peut-on demander avec un suffisant sang-froid & une convenable liberté d'esprit quelle est la valeur de ces formes? Y en a-t-il une qui soit la forme essentielle, normale, nécessaire, un type enfin imposé par la raison à l'aspiration de toute société humaine?

Il y a des gens qui le prétendent; & chacun de ceux-là, est-il nécessaire de le dire? revendique cet honneur pour le rêve chéri de sa propre pensée.

Cette prétention est logique; mais elle doit être néanmoins courtoise autant que convaincue. Certains ne peuvent traiter ces choses que l'écume & l'injure à la bouche. Il n'y a pourtant qu'un orguei doublé de méchanceté qui se puisse permettre d'outrager ainsi l'adversaire, en lui déniant *a priori* la bonne foi & le patriotisme. L'homme de cœur les présuppose toujours jusqu'à preuve contraire; l'homme de raison se borne à peser avec calme les raisons, en se maintenant au-dessus de cette région basse des préjugés communs, où se forment les opinions injustes & violentes.

Donc, fur cette queftion de la valeur relative des diverfes formes de gouvernement, les opinions varient de la forte :

Pour les uns, la république ou le gouvernement populaire eft l'idéal de la liberté & de la dignité d'un peuple : felon eux, c'eft l'âge de fa virilité & de fa pleine puiffance ; il s'appartient alors en propre, & l'individu lui-même ne fe développe à l'aife que dans ce milieu fain & fortifiant.

Pour les autres, la puiffance fociale, concentrée dans les mains des plus élevés & des plus intéreffés à la chofe publique, offre les plus grandes garanties d'une adminiftration fage & éclairée ; &, de plus, elle affure cet efprit de fuite qui, accumulant les fageffes & les forces des ancêtres fur leurs derniers defcendants, conftitue feul les fortes politiques & les États vraiment durables.

D'autres encore, ne voyant le bien de la fociété que dans l'unité & l'indifcutabilité abfolues de fon pouvoir une fois conftitué, eftiment que le régime monarchique eft préférable à tous comme fe rapprochant le plus du gouvernement de la famille, cette société naturelle & légitime par excellence, du gouvernement de Dieu, ce type inconteftable de tous les gouvernements ; & ils le préconifent en même temps comme celui qui fauvegarde le mieux la liberté, un feul ne pouvant évidemment auffi grandement excéder contre tous que tous contre un. Il eft jufte d'ajouter qu'ils n'entendent en aucune façon par là ces monarchies d'aventure & d'aventuriers qui n'ont de la chofe que le nom, mais bien ces monarchies férieufement traditionnelles, plongeant de profondes racines dans le paffé & les mœurs des peuples qu'elles régiffent.

D'autres enfin, prenant quelque peu en pitié toutes ces prétentions fi oppofées & tous ces enthoufiafmes fi exclufifs, confidèrent la république, l'oligarchie & la monarchie pures comme l'enfance de l'art gouvernemental, & ne conçoivent d'état focial pleinement digne de l'homme que celui où tous ces éléments de pouvoir & de liberté fe trouvent réunis : l'unité, dans le perfonnel d'une dynaftie indifcutable ; l'efprit de tradition & de fuite, dans le fervice dévoué des plus intéreffés, des plus grands & des plus habiles ; l'efprit de progrès, dans la repréfentation intelligente de tous les intérêts populaires, feconde élite de la nation appelée à recruter fans ceffe la première. A leurs yeux, cette combinaifon favante fupprime ainfi toutes les caufes de troubles, équilibre toutes les tendances, pacifie tous les antagonifmes, exalte toutes les afpirations légitimes, faifant par là même d'une nation tout entière, felon la fpirituelle quoique inexacte expreffion de J. de Maiftre, une forte d'*ariftocratie* tournante, dont l'évolution régulière donne fatisfaction en fon temps à chacun, en fauvegardant en tout temps la paix & le bien-être de tous. Enfin, pour mettre à néant l'opinion précitée de Tacite, objectant l'impoffibilité d'un pareil fyftème de gouvernement, ils en montrent avec triomphe la réalifation parfaite dans la conftitution plufieurs fois féculaire du grand peuple anglais, fi pratique & fi pofitif en matière de droit politique.

Que penfer de toutes ces affirmations fi réfolues ?... Qu'en penfer ? que tout le monde a raifon & que tout le monde a tort, parce que tout le monde veut réſoudre avec la raiſon ſeule ce qui ne ſe peut réſoudre pleinement qu'avec les faits, avec la volonté plus ou moins éclairée & ſaine mais perſévérante, & même avec les préférences irraiſonnées d'un peuple.

On ne diſpoſe pas plus, en effet, d'un peuple au gré d'une théorie préconçue, qu'on ne marie une fille contre ſa volonté. D'ailleurs, les queſtions de forme ſont eſſentiellement relatives, & par conſéquent relèvent d'une ſorte de mode, tout auſſi bien dans le monde de l'intelligible que dans le monde matériel.

Sans doute la forme, en ce qu'elle a d'eſſentiel, eſt abſolument invariable. Ainſi l'unité de l'élément gouvernant, la ſubordination de l'élément gouverné, la complexité de l'élément actif ou miniſtériel : tout cela ſe rencontre, plus ou moins accuſé, il eſt vrai, mais manifeſte, dans chacun des gouvernements ci-deſſus ſignalés.

Mais la conſtitution de la machine gouvernementale, le mode de déſignation du chef & de ſes coopérateurs de tout ordre, les droits & devoirs des ſubordonnés, enfin la dénomination même de la choſe : *monarchie* ou *république*, tout cela eſt variable & fouverainement dépendant des goûts, des mœurs, des tendances, des aptitudes, en un mot du génie d'un peuple ; je dirai même encore de fes befoins, de l'étendue & de la configuration de fon territoire, de fes relations internationales, de la conftitution de fes voifins, de l'âge de fa civilifation, enfin d'une foule de circonftances & de caufes fecondes très complexes, qui n'ont rien à démêler avec la métaphyfique politique même la plus élémentaire, & qui déterminent la forme gouvernementale de chaque peuple beaucoup plus fûrement que les raifonnements les mieux alignés & les théories les plus ingénieufes.

Telle forme de gouvernement conviendra donc à tel peuple, comme telle autre à tel autre ; & leur durée plus ou moins longue rendra d'ordinaire raifon de leur correfpondance avec l'efprit & le tempérament des peuples qui les adoptent, de même que leurs changements, plus ou moins juftifiés, attefteront le progrès ou le mouvement rétrograde de leur civilifation.

Mais, eft-ce à dire qu'au point de vue de la raifon pure, les quatre formes de gouvernement fe vaillent, & qu'il n'y en ait pas une qui foit l'idéal fupérieur, plus ou moins réalifable, de la fcience fociale ? Non, non : pour faire de l'impartialité, nous ne ferons pas du fcepticifme. Au rifque donc de déplaire également à certains fanatiques d'en haut & d'en bas, qui ne comprennent pas que l'exagération d'une vérité eft le commencement d'une erreur, nous oferons dire que la meilleure forme de gouvernement à nos yeux, la plus *avancée*, celle qui fauvegarde le mieux les juftes droits du pouvoir & la non moins jufte dignité du citoyen, c'eft évidemment celle que le païen Tacite eftimait n'être qu'un beau rêve, & dont l'efprit progreffif des peuples chrétiens a fait depuis lors, & affez fréquemment, une brillante & féconde réalité.

En effet, la république, l'oligarchie & la monarchie pures étant exclufives, font forcément condamnées par là même à être exceffives. Ne tombet-on pas toujours du côté où l'on penche ? La monarchie repréfentative & parlementaire, au contraire, empruntant à la monarchie pure fon principe d'unité & de confervation traditionnelles, à la république fes garanties d'élection, de dif-

cuſſion & de repréſentation populaires, à l'oligarchie enfin ſon eſprit de ſuite & l'énergie de ſa vie
civique, s'aſſimile ainſi tout ce que ces trois
formes ont de bon, en compenſant, par l'aſſociation même de ces éléments divers, ce qu'ils peuvent avoir de dangereux lorſqu'ils ſont iſolément
employés.

Ainſi, dans cet ordre gouvernemental véritable-
ment ſupérieur, les peuples ſont préſervés des
caprices deſpotiques du chef par la libre & puiſ-
ſante défenſe des droits & des intérêts populaires;
des frénéſies inſenſées de l'anarchie par l'inviola-
bilité & la pérennité de ce chef; des bleſſantes
inſolences de l'eſprit de caſte par le noble progrès
des races dans leur participation de plus en plus
large à une activité politique de plus en plus diſ-
tinguée. L'eſprit de réforme & l'eſprit de conſervation, également repréſentés dans les deux
aſſemblées de la nation, tout en ſe diviſant dans
leur but, ſe combinent harmonieuſement dans
leur réſultat, & préſervent également le pays de
la double folie & du double péril des nouveautés
décevantes & des réſiſtances inſenſées. Dans cette
forme de gouvernement, le corps ſocial palpite en

chacun de fes membres d'une vie commune, de telle forte que tous y foient ennoblis dans la mefure de leur refponfabilité relative.

Maintenant, quelle que foit la fupériorité théorique d'une forme fur les autres, puifque chacune de ces formes a fervi à de grands peuples pour accomplir de hautes deftinées comme auffi d'épouvantables horreurs, & que l'hiftoire refte parfois indécife entre elles fur leur importance relative dans l'œuvre fi complexe de la civilifation générale, il nous femble qu'il ferait d'un peuple fage de ne point procéder de parti pris à cet égard, & de faire, dans l'application, une particulière attention à la forme établie & longtemps pratiquée chez lui; car, en cela comme en toute chofe, la pratique longue, involontaire & en quelque forte inconfciente, l'expérience en un mot, a réfolu la queftion avant même que la théorie ait pu fonger à la pofer.

On voit par là ce qu'il faut penfer de la prétention de ceux qui veulent, au nom de leur logique perfonnelle, impofer de haute lutte à une nation une forme gouvernementale quelconque, affirmant qu'une telle forme ne peut être mife en queftion, & qu'elle eft au-deffus du droit des majorités elles-mêmes.

Cette manière de raifonner, ou plutôt de fupprimer le raifonnement, n'eft qu'une forme nouvelle du defpotifme, une tentative d'ufurpation déguifée en doctrine, un délit enfin de minorité factieufe, tendant à fouftraire à un peuple, par la fubtilité & au befoin par la force, un acquiefcement qu'elle craint de ne pouvoir obtenir par la difcuffion & les voies légitimes.

De la part des quatre fyftèmes que nous avons précifés, cette prétention eft une offenfe au bon fens & aux droits d'un peuple fur lui-même; mais quand elle eft le fait des promoteurs de la forme républicaine, elle implique de plus une telle contradiction, qu'il n'eft pas même poffible de la prendre au férieux.

Conçoit-on, en effet, un peuple qui eft dit fouverain, & qui ne peut difpofer de lui à fon gré; une génération qui ne peut, dit-on, lier les générations futures, & qui fe trouve elle-même liée irrémiffiblement par un mot fatidique, devant lequel elle devra s'incliner à tout jamais comme le fauvage devant fon manitou ; un gouvernement enfin qui ne faurait être autre, en théorie, que la réfultante des volontés de la majorité, & qui, en fait, doit s'établir & fe maintenir fans & même contre la volonté de cette même majorité ? En vérité, cela eft fuperbe de logique tranfcendante & de radicalifme quinteffencié ; & il n'y a que les fophiftes ou les tyrans pour être doués d'une auffi rare imaginative.

Cela fe dit pourtant, fe répète & même s'accepte dans le pays qui fe prétend, fouvent avec raifon, le plus fpirituel de la terre. Des efprits, crus diftingués jufque là, fe font les éditeurs de cette fingulière théorie ; on les écoute, & on ne paraît pas même s'apercevoir qu'une telle affirmation, fi hautaine qu'elle foit, n'eft que la négation de la politique rationnelle au profit de la paffion déraifonnable. Hélas ! c'eft qu'il y a fi peu d'hommes de parti qui préfèrent noblement la logique au fuccès, & tant qui font malheureufement difpofés à parvenir à tout prix, même à celui des abjurations les plus humiliantes !

Non, dirons-nous à l'encontre de cette logo-machie regrettable, rien n'eft au-deffus de la volonté d'une nation en voie de se reconstituer, rien, sauf ces lois primordiales de vérité, de morale & de justice essentielles, qu'elle ne saurait assurément changer ou supprimer au gré de ses fantaisies constituantes. Tout le reste, toutes les questions de forme relèvent de son libre arbitre ; elle a le droit de choisir son mode de gouvernement, ses allures de civilisation ; elle a même, si l'on peut ainsi dire, le droit de les choisir mal. Il suffit, comme dit Bossuet, qu'elle en soit *charmée*. Qui donc pourrait s'arroger le droit d'y faire obstacle, en substituant témérairement sa volonté simple à la volonté de la majorité ? Pour des démocrates ne serait-ce pas irrespectueux autant qu'illogique ?

Cela est assez clair. Mais, objecte-t-on, ce pouvoir de la nation sur elle-même peut-il aller jusqu'à son abdication absolue, éternelle, au profit de quelques-uns & même d'un seul ?

Rayons d'abord ces mots : *au profit ;* car, dans la vraie science sociale, le pouvoir est une simple charge, parce qu'il doit être, avant tout, un dévouement.

En second lieu, disons encore qu'il n'y a rien

d'*éternel* en ce pauvre monde focial, où toutes chofes font, au dire du grave Sallufte, fragiles & caduques : *fragiles & fluxæ*, & qu'il importe plus de les faire durer que de les changer; car rarement, pour les chofes éprouvées par l'habitude, le changement eft en mieux.

Du refte, rien eft-il plus conteftable que ce prétendu principe que les générations ne fe peuvent lier les unes les autres ? En fait, n'eft-ce pas même plutôt le contraire qui eft vrai, la vie civile n'exiftant que par la pérennité des contrats & la folidarité des exiftences fucceffives ? Et puis encore, où donc commence & finit une génération; & quand faudra-t-il renouveler les chofes ? Ne voit-on pas que, par fuite des changements continus du corps électoral, le vote devrait recommencer chaque année, que difons-nous ? chaque jour, chaque heure même, & que cet inftrument de conftitution rénovatrice ne ferait plus, à la longue, aux mains des factieux, qu'un levier d'ébranlement perpétuel ?

On craint d'être lié, dit-on. Allons donc ! il faut laiffer cette crainte à la proceffive comteffe de Pimbefche, & craindre au contraire qu'une nation le foit fi peu, qu'elle foit toujours à la merci de fa propre inconftance & des ambitions impatientes de fes plus méchants citoyens. A Rome, en toute difcuffion, le grand argument était toujours tiré de la fageffe & des décifions des ancêtres (*more majorum*) ; le jour, où les agitateurs du Forum s'en purent railler impunément, c'en fut fait de la République ; & la fièvre du changement ne tomba plus.

En vérité, pourquoi donc un peuple ne pourrait-il fe lier ainfi, s'il y voyait fon intérêt, fi par ce moyen l'élimination des compétitions de pouvoir lui femblait un avantage fupérieur à cette fouveraineté nominale, dont les fyftèmes purement électifs l'honorent, mais qu'il n'exerce un moment que pour la fubir toujours ? Et puis enfin « il me plaît d'être battue, » difait Martine au bonhomme Robert. Un peuple en quête d'un état focial peut avoir de ces répliques irréfutables à l'adreffe de fes fauveurs malgré lui ; mais le plus fouvent ce n'eft pas de fes chefs les plus légitimes qu'il confent à être ainfi le fouffre-douleur. Cependant, encore une fois, qui pourrait décider de ces chofes pour lui & fans lui ?

Et pourtant de nos jours les minorités le prétendent, & les majorités femblent parfois s'y réfigner. Qu'eft-ce à dire ? & que devient alors la pure raifon démocratique, l'irréfiftible logique du nombre ?

L'auteur du *Contrat focial*, embarraffé pour concilier avec fes doctrines de fouveraineté populaire la foumiffion de la minorité elle-même au vœu de la majorité, imagine de dire qu'on n'opprime ni n'affujettit cette minorité, mais qu'on la *force* feulement d'être *libre*. Voilà, fans doute, une liberté bien affurée ! Et c'eft déjà fort en matière de fouveraineté nationale & de contrat focial : un beau contrat léonin en vérité ! Mais une majorité forcée par une minorité ! n'eft-ce pas là le fublime du genre, & le fophifme plaifant de Rouffeau n'eft-il pas dépaffé de cent coudées ?

Toutefois cette queftion exige une expofition à part ; & nous la devrons reprendre en traitant de la conftitution d'un peuple, telle que la conçoit la raifon pure, dégagée de tout intérêt.

Quant à l'Étude préfente, terminons-la en difant, peut-être à la furprife de beaucoup de gens, que

ces queſtions de formes gouvernementales ſont
dans le fond plus nominales que réelles, & que
les peuples ne devraient pas être légers & frivoles
au point de ſe laiſſer miſérablement prendre aux
intitulés flatteurs & aux programmes faſtueux.

Car, ainſi que nous l'avons dit, ſous les dehors
variés des formes accidentelles de chaque gouvernement, on retrouve ſans peine les formes eſſentielles de toute agrégation ſociale : toujours, en définitive, le Pouvoir ſouverain ſe réſume, ſe condenſe
en un ſeul homme, qu'il ſe nomme roi ou préſi-
dent, qu'il puiſe ſon droit dans l'aſſentiment implicite & ſucceſſif des générations ou dans le vote
ſans ceſſe renouvelé du peuple dont il relève ;
toujours la maſſe, qu'elle déſigne ou non le pouvoir, eſt en définitive ſubordonnée & tenue à
l'obéiſſance ; toujours les plus habiles, les plus in-
dépendants, c'eſt-à-dire les meilleurs ($\alpha\rho\iota\sigma\tau\sigma\iota$),
qu'ils aient trouvé leur brevet de ſervice dans leur
berceau ou qu'ils le reçoivent du chef ou de l'élection, ſont appelés en définitive à aider ce chef dans
l'adminiſtration de la choſe publique ; toujours
ſurtout le Pouvoir oblige en conſcience, & la
révolte eſt flétrie comme un crime ; toujours

enfin le pauvre peuple eft la première victime des folies & des attentats commis en fon nom par ceux qui, dénaturant les notions des chofes, fe difputent le dangereux honneur & la volupté très conteftable de le repréfenter & de le fervir.

Telle eft la théorie pure. Quant à fon application, on la prétend difficile. Nous ne le penfons pas ; néanmoins nous l'abandonnons modeftement à la fagacité de nos lecteurs.

—

De la conſtitution d'un peuple.

Ce ſerait peu de connaître & de diſtinguer les baſes férieuſes de l'électorat, les vrais caractères de l'autorité politique & la valeur relative des diverſes formes de gouvernement, ſi, en dehors de ces données théoriques, on n'étudiait encore le phénomène ſocial, ſi on ne s'efforçait d'aſſiſter par la penſée à ce travail, preſque toujours latent, apparent parfois, de l'enfantement ou de la régénération d'un peuple.

Heureux les peuples qui n'ont pas à s'occuper de ces queſtions irritantes, & qui, pourvus dès longtemps d'un gouvernement univerſellement accepté, ne ſe doutent même pas qu'ils puiſſent être autrement conſtitués qu'ils ne le font par la nature & la force des choſes.

Un peuple, en effet, ne fe conftitue pas *a priori* auffi complétement qu’on peut le croire. D’ordinaire, cette œuvre primordiale s’accomplit d’une façon plus inconfciente, je dirai même plus myftérieufe & plus naturelle tout enfemble : elle fe fait comme pouffent les chênes. Comme ceux-ci font l’œuvre directe de Dieu & de la nature, de même celle-là eft l’œuvre complexe des hommes & du temps, fans ceffer de l’être de Dieu.

Lorfque l’homme, fi ce n’eft la tempête ou le hafard, a jeté le gland fur le fol humide, cet atome, qui fera un jour le géant de la forêt, y germe d’abord obfcurément. Une puiffante féve le fait furgir ; il grandit d’année en année, de fiècle en fiècle ; il enfonce peu à peu fes racines au plus profond des entrailles de la terre ; il étend dans l’efpace fes vaftes bras ; il fe couvre d’un épais feuillage, qui rafraîchit de plus en plus le fol fur lequel il repofe ; & il offre enfin, fous fa vigoureufe ramure, un impénétrable abri à des milliers d’hôtes aériens, paifibles petites républiques qui pourront y braver toutes les violences de l’orage.

D'autre part, quand un peuple, foit par cataftrophe involontaire, foit de volonté préméditée,
foit par inconftance native, fe trouve tout à coup
privé de la forme de gouvernement qu'il tenait de
fa nature ou des circonftances, il eft bien forcé
d'y avifer & de fe conftituer à nouveau.

S'il eft jeune, fain & de bon fens, fa reconftitution s'opérera comme d'elle-même, comme fe
guérit un homme robufte d'une maladie accidentelle : un habile médecin, des remèdes appropriés,
un bon régime, & tout rentrera bientôt dans la
voie normale antérieure.

Mais, s'il eft vieux, vicieux & fophiftique, cette
reconftitution rencontrera autant de difficultés
que le rétabliffement dans un individu de même
manière d'être : ce peuple reffemble en effet à
un libertin furanné, épuifé d'excès & à bout de
fottifes, qui voudrait fe refaire un tempérament,
pour, le miférable ! recommencer à nouveaux
frais fes déportements, fans remords ni honte. Le
voilà donc s'adreffant aux médecins qui n'y
peuvent guère, & fouvent de préférence aux
charlatans qui n'y peuvent rien. Quand les premiers font impuiffants, fon efpérance réfolue

accepte toutes les hâbleries des derniers comme des remèdes, tous leurs remèdes comme des fruits de l'arbre de vie ; & les reftes de fa pauvre fanté s'ufent fans profit dans ces tentatives aventureufes.

Tâchons d'analyfer ces évolutions diverfes avec le fang-froid & la droiture du théoricien le plus défintéreffé ; & pour cela rendons-nous d'abord compte de la nature même du corps focial, dans fa notion la plus fimple & en même temps la plus fcientifique.

Qu'eft-ce qu'un peuple ?... C'eft un être collectif doué de toutes les conditions de la vie individuelle : être compofé d'êtres humains, & par conféquent ayant nature humaine, & poffédant ou du moins devant pofféder l'unité de fubftance, la diftinction de forme & la fécondité de vie, qui caractérifent l'être véritable : corps harmonieufement compofé d'une tête qui penfe & ordonne, d'un corps proprement dit qui digère, affimile & reproduit, & de membres qui agiffent, fervent & obéiffent fous l'ordre de cette tête & pour le bien de ce corps tout entier : famille en qui fe retrouve l'élément paternel ou gouvernant, l'élément fé-minin ou producteur & subordonné, & l'élément filial ou agiſſant & ſervant pour le bien de la fa-mille entière : plus que tout cela enfin, reſſem-blance agrandie, élargie, ſupérieure de l'être humain individuel & du premier groupe ſocial formé par lui pour ſa perpétuation, le peuple eſt un être complexe, une famille artificiellement organiſée pour vivre d'une vie indéfinie, mais plus ou moins longue, ſuivant l'art & la bonne volonté qui auront préſidé à ſa conſtitution comme à ſon fonctionnement.

Un corps humain individuel eſt l'œuvre phy-ſiologique de la nature ; une famille en eſt le la-boratoire premier, inſtitué & fécondé par Dieu même.

Il en eſt de même du corps ſocial. Mais, bien que le Très-Haut ait « diviſé lui-même les nations « & poſé leurs confins (1), » ce corps ſemble être abandonné par Lui à la ſeule action des cauſes ſecondes, c'eſt-à-dire du temps d'abord & des hommes enſuite ; il monte ainſi, d'une aſcenſion

____

(1) *Deut.*, xxxii, 8.

infenfible, de la famille à la tribu, & de la tribu au peuple proprement dit. Mais il eft avant tout une race, une langue & une religion, le tout implanté dans une terre fécondée par le travail de générations fucceffives. L'efprit de tradition le commence, l'efprit de perfectionnement le développe, l'efprit de réforme le reftaure, & l'efprit de révolution le diffout & l'anéantit.

En tout cela brille la fageffe tranfmife & la fageffe préfente, jufqu'à ce que les folles imaginations ou l'égoïfme défordonné viennent fe jeter en travers. L'homme ou plutôt les hommes, en cette œuvre fublime mais périlleufe, ont donc pour guide l'expérience des ancêtres & leur bon ou leur mauvais fens perfonnel, & pour feuls agents apparents le temps & leur liberté.

Cette notion, à la fois analogique & pratique, de la conftitution d'un peuple, fait immédiatement comprendre combien eft irréfléchie l'opinion de ceux qui prétendent qu'un peuple peut fe transformer à volonté, & que fon préfent & fon avenir font abfolument indépendants de fon paffé. Eft-il befoin de le dire ? les lois de la vie véritable n'admettent pas ces changements fubits, & rien dans la nature ne fe fait par faut.

Pour continuer notre comparaifon première : les chênes, ces doyens féculaires de la vie végétale, fe développent fans bruit ni trêve dans leur effence inaltérée. Leurs feuilles peuvent bien tomber à chaque automne & fe renouveler à chaque printemps ; le tronc noueux, l'arbre, en un mot, refte debout fur les mêmes racines en fa perfévérante majefté.

De même auffi, l'homme individuel grandit & vieillit, fans que rien change en lui dans la coordination de fes éléments effentiels : toujours la raifon domine en lui l'imagination & le cœur ; toujours fa tête mène le refte de fon corps. C'eft à peine fi, à fes divers âges, une certaine prédominance variée réagit contre l'ordre natif de fes différentes facultés & de fes divers organes. Ces prédominances font, en effet, tranfitoires ; & tout fe maintient, nonobftant, dans l'harmonie première, tout obéit en fin de compte à cette loi fondamentale qui fait que l'individu eft & refte lui-même.

Ainfi doivent être les peuples : variables ou du

moins renouvelables, fi l'on veut, dans leur forme extérieure, mais identiques & permanents dans ce qui intéreffe leur forme conftitutionnelle. Sans doute on ne peut prétendre que tout refte rigoureufement ftationnaire dans un peuple ; ce ferait là une infraction à cette loi du progrès qui régit & domine toute chofe ici-bas. D'infenfibles changements dans les mœurs, de nouveaux befoins, la coutume, le temps, peuvent faire introduire des modifications dans la conftitution d'un peuple, peut-être même la transformer. Et fi l'on fait la part du progrès, ne faut-il pas auffi faire, hélas! celle des décadences?... Toutefois, ces changements lents, fucceffifs & voulus n'ont rien de commun affurément avec la brutalité hâtive des changements révolutionnaires ; ce n'eft point la force deftructive de la maladie, c'eft la force évolutive de la vie qui les accomplit.

Mais il ferait contraire au bon fens de pofer ce progrès en principe de deftruction & de rénovation continues au fein de l'effroyable mobilité des chofes humaines ; car la forme fociale a fes conditions de beauté & d'utilité pratiques qu'il

faut favoir refpecter quand on les a raifonnablement réalifées, car ce changement perpétuel ferait
évidemment une infraction à la loi de folidarité,
qui, d'autre part, régit inévitablement les générations auffi bien que les individus.

La folidarité des temps n'eft pas, en effet,
moins réelle que celle des perfonnes. N'exifte-
t-elle pas entre les différentes époques de l'exiftence de l'individu lui-même ? La jeuneffe d'un
homme ne domine-t-elle pas & n'explique-t-elle
pas fon âge mûr, comme fon âge mûr fa vieilleffe ? Les différentes phafes des familles n'ont-
elles pas auffi une étroite connexion entre elles ?
Nous l'avons déjà dit plus haut : les contrats
& les tranfmiffions fucceffives en conftituent
d'âge en âge, de par la nature auffi bien que de
par la loi, la charte, le lien & comme la chaîne
néceffaires.

La fociété nationale eft, à coup fûr, moins homogène que l'individu & que la famille ; le
lien qui l'unit eft moins étroit & plus volontaire, car elle conftitue la propre fphère, & la plus
large, de la liberté humaine. Mais néanmoins on

ne peut y nier la puiſſance des traditions ſans la bouleverſer de fond en comble. Que ſont, en effet, les traditions, ſi ce n'eſt le réſumé, la con-denſation, & comme l'épargne de ſageſſe des différents âges d'un peuple, l'expreſſion de ſon expérience continue, la conſtatation enfin de ſon tempérament politique & de ſa capacité conſtitu-tionnelle ?

Lors donc que les théoriciens de la démocratie ſe poſent en adverſaires ſyſtématiques du paſſé, ils devraient, ce nous ſemble, s'apercevoir qu'ils donnent un démenti à la nature des choſes, & qu'ils ſont de plus quelque peu imprudents ; car, en rompant auſſi radicalement avec le paſſé, ils octroient par là même à l'avenir le droit de rompre à ſon tour avec leur préſent, tout réformé qu'il ſoit, c'eſt-à-dire avec cette forme gouverne-mentale républicaine qui leur eſt ſi chère & qu'ils prétendent être la forme unique & néceſſaire des ſociétés à venir. Ainſi ces ſagaces politiques imaginent des arguments qui leur ménagent d'amères déceptions. On pourrait croire, je le ſais, qu'ils ne les emploient que comme des machines de guerre pour s'emparer du pouvoir :

tant, après le fuccès, ils fe font d'ordinaire peu de fcrupule de leur fubftituer la feule logique du nombre & même la force brutale, dernière raifon de tous les defpotifmes !

Il eft vrai que nous avons vu quelques-uns d'entre eux pofer gravement en dogme l'indifcutabilité du principe républicain & l'afferviffement des majorités elles-mêmes à cette forme de gouvernement une fois établie. Ce n'était guère alors la peine, on l'avouera, de formuler fi pompeufement la théorie de la fouveraineté du peuple, de la liberté illimitée de difcuffion & de l'impuiffance des générations à fe lier les unes les autres. Voilà des docteurs fort habiles gens, quand il s'agit de s'immobilifer dans leurs éphémères utopies !

Ne nous laiffons pas féduire par toutes ces théories, auffi contradictoires que prétentieufes, qu'invente à profufion l'efprit révolutionnaire de tous les temps & de tous les lieux. Tenons-nous-en au fait, de préférence à l'hypothèfe, tout en cherchant à en dégager le droit ; car tout fait exprime ou nie une vérité fociale.

Pour bien compléter la notion d'un peuple, nous allons fcruter fon intime effence, analyfer fes éléments diftinƈts & permanents, & tâcher d'en précifer la loi.

—

Du Chef politique, ou de l'élément gouvernant.

Il eſt bien certain , ainſi que nous l'avons dit précédemment, que le peuple ſe diſtingue toujours en gouvernants & en gouvernés ; que le plus grand nombre eſt toujours gouverné par le plus petit; & même, telle eſt la néceſſité d'unité dans le commandement, que c'eſt toujours en définitive un ſeul qui donne l'ordre & le fait exécuter : ce qui, pour le dire déjà en paſſant, réduit à aſſez peu de choſe ce qu'on eſt convenu d'appeler la ſouveraineté du peuple.

Ainſi, bon gré mal gré, quel que ſoit le nom qu'on impoſe au gouvernement d'une nation , qu'il ſe nomme royauté ou république, c'eſt toujours la forme primordiale ou monarchique qui prévaut : la nature des choſes étant évidemment plus forte que les fyftèmes , & régiffant à notre infu jufqu'à notre liberté. Le pouvoir militaire fur le champ de bataille & les dictatures au moment des crifes républicaines ne font-ils pas, du refte, la plus explicite reconnaiffance de cette grande loi fociale ?

Il faut donc que les démocrates s'y réfignent, & ils s'y réfignent affez volontiers, quand ils tiennent le pouvoir ! Comme le brave M. Jourdain faifait de la profe, ils font de même fouvent affez réfolûment de la monarchie fans le favoir. Ils ont le commandement fort beau, & le *moi* impératif ne leur déplaît point ; ils reconnaiffent même fans peine que l'ordre & l'unité fe confondent dans une notion identique , & que cette unité, fi défirable & fi féconde, ne peut réfulter que d'*un* ordre donné par *une* tête ou un chef (car ces deux mots font fynonymes), & reçu & obéi par le corps & les membres du peuple.

Cela eft évident ; mais comment fe crée & s'inftitue cette tête fociale ? qui la fait furgir & la maintient fur les fommets fociaux ? Myftère immenfe, parce qu'il touche par en haut à la régie providentielle des chofes humaines, & par en bas à l'indépendance inconteſtable de l'homme vis-à-vis de l'homme !

Il faut l'aborder pourtant ; car c'eſt l'objet premier d'une des plus nobles ſciences qui puiſſent paſſionner l'eſprit humain.

La ſcience politique eſt ballottée entre deux ſortes de doĉteurs, trop ſouvent & très mal à propos excluſifs les uns des autres, les politiques *traditionaliſtes* & les politiques *rationaliſtes*.

Les premiers, préoccupés avant tout de l'ordre ſocial & de ſa ſtabilité, incarnent ce pouvoir néceſſaire dans une race ; & ils l'y vénèrent comme une choſe placée par la reſpeĉtueuſe habitude des peuples au-deſſus de toute conteſtation par raiſon de ſalut ſocial, en un mot comme un principe vivant & perſonnaliſé, d'où tout ordre devra découler néceſſairement. Le pouvoir, à ce point de vue, ſe tranſmet par voie d'hérédité, ſans interruption ni ſecouſſe ; la nature, qui fait tout par ſucceſſion inſenſible, étant ainſi chargée de débarraſſer l'homme du danger de la compétition & du ſouci du choix.

Les ſeconds, paſſionnés au contraire de liberté

abfolue & de native indépendance, proclament l'omnipotence de la maffe populaire, & fon droit comme fon aptitude originels à s'organifer & fe conftituer elle-même. Selon eux, l'élection intelligente remplace avantageufement l'inconfciente tranfmiffion héréditaire, & maintient la nation dans l'éternelle poffeffion d'elle-même, dans la pleine refponfabilité de fes actes.

Et ces deux écoles penfent avoir ainfi chacune réfolu le problème de l'origine de la fouveraineté. D'un côté, un porphyrogénète qui paffe du berceau au trône ; de l'autre, un élu, hier fimple citoyen, qui furgit de l'urne électorale au fauteuil préfidentiel ou confulaire ; & le peuple qui, dans l'un comme dans l'autre cas, doit s'incliner & s'incline, foit devant l'œuvre du temps & de la nature, foit devant celle du vote, c'eft-à-dire du nombre.

Ce ferait bien fimple, trop fimple affurément pour être vrai d'une part ni de l'autre. La vérité eft quelque chofe de plus profond & de plus caché. Serait-ce donc là le pouvoir en foi, le pouvoir radical & premier, la fouveraineté enfin ? & ne prend-on pas ici, finon l'effet pour la caufe, du moins la forme pour le fond, l'apparence pour la réalité ?

La nature du pouvoir souverain est plus reculée ; le principe de tout ordre redresse plus haut sa tête dans le nuage du mystère. Je vois bien la transmission, je comprends bien l'élection ; mais qui a prescrit l'une & réglementé l'autre ? Et, d'ailleurs, si d'une part il y a vote formel, n'y a-t-il pas de l'autre vote implicite & successif ?

Evidemment c'est l'idée patriarcale & traditionnelle qui a commencé d'être appliquée ; car elle a sa source dans la paternité même, essentiellement primordiale, dans ce droit le plus sacré après celui de Dieu, puisqu'il en procède directement.

A l'origine, la puissance se transmit comme la masculinité & la primogéniture ; on l'accepta ou on la subit en tant que priorité & force naturelles, & on la maintint en tant que solution continue & paisible de cette question de souveraineté, dont le débat cause tous les orages & toutes les catastrophes des sociétés humaines.

Sans doute il y a dans ce système de perpétuation du pouvoir un élément de hasard & par

conféquent une poffibilité d'infuffifance accidentelle qu'on ne peut nier. Mais comme tout ce qui
eft œuvre de nature, il recèle en même temps,
en une proportion plus forte, une vertu fecrète
& une fageffe profonde ; & le peuple en qui il eft
appliqué en doit évidemment bénéficier, tant que
la famille inveftie de ce haut devoir fe maintient
en cet état de fupériorité native, qui lui a valu la
foi & le refpeét des générations.

Les dynafties ont en effet toujours, quoi qu'on
en dife, leur raifon d'être ; fans cela, ifolées &
dépourvues de force coercitive au milieu d'une
multitude oppofante, pourraient-elles donc régner même un feul jour ? L'hérédité & l'éleétion
ont eu tour à tour l'honneur de défigner le pouvoir. Or, en fait de chefs (car, nous l'avons dit,
il y en a toujours un), les féries de chefs héréditaires ne préfentent-elles pas dans l'hiftoire autant
au moins de grands hommes & de grands patrio-
tes que les féries de chefs éleétifs ? & ces dernières
font-elles plus que les premières à l'abri des incapables & des monftres ? L'éleétion, il eft vrai, eft
confciente d'elle-même ; l'hérédité ne l'eft pas.
Mais, fuivant la loi du nombre qui la régit, l'élec-

tion n'aboutit le plus souvent qu'à une moyenne, c'est-à-dire une médiocrité ; tandis que l'hérédité, régie par la loi naturelle de similitude dans les reproductions, fait habituellement bon ou mauvais, selon son point de départ. Ceci est le vrai dégagé de toutes les déclamations passionnées en sens contraire qui se débitent sur ce sujet. La nature est réglée ; l'intelligence & la volonté des multitudes ne le sont pas.

Il est donc juste de reconnaître que les fortes races sont plus homogènes qu'on ne le pense dans leurs multiplications successives. Il est bien entendu qu'il n'est question ici, comme nous le disions plus haut, que des vraies races monarchiques séculaires, & non de ces monarchies électives ou d'accident révolutionnaire, qui ne sont que les contrefaçons ridicules ou malfaisantes de la royauté véritable. Les démocrates s'y trompent souvent, & ne devraient pas s'y tromper.

Quoi qu'il en soit, tout va bien tant que chacun, roi & peuple, fait son devoir, & que la liberté a toutes ses légitimes garanties. Mais si le caprice égoïste remplace la bonne volonté éclairée dans l'un, & l'esprit raisonneur la soumission raifonnable dans l'autre, alors le conflit éclate : les droits s'irritent, les devoirs s'oblitèrent de part & d'autre ; & tôt ou tard la révolution défordonnée, peut-être fanglante, décapitant la nation, la plonge fans pitié dans ce chaos redoutable, où le pouvoir, renverfé mais immortel, eft difputé entre les plus violents & les plus indignes, où les abus qui ont provoqué la crife font remplacés par des abus plus criants encore, où les vices enfin font expiés par les ruines.

Or, à ce moment de perturbation fuprême & de fermentation ardente, un immenfe befoin d'ordre s'empare fubitement de tous les éléments, même les plus furexcités, du corps focial ; car à ce corps tronqué, c'eft-à-dire fans tête, il en faut une, tout auffi bien qu'au corps humain lui-même.

Alors vite une urne, vite un vote pour favoir à qui écherra ce grand rôle.

Mais ce procédé, fi folennel, fi prétentieufement conftituant, eft affez loin d'être tout ce qu'il affirme être, & de donner tout ce qu'il promet. Il a beau prétendre, en effet, à l'initiative ; il n'eft que fecondaire, & ce qui le précède néceffairement le vicie radicalement. Tant eft grande

en effet la néceffité de priorité pour l'ordre, que
déjà même, avant ce fuffrage prétendu univerfel
& fouverain, un pouvoir provifoire a furgi, qui
s'eft inauguré lui-même de par fon audace &
l'acclamation de la moindre & de la moins efti-
mable partie du peuple : pouvoir iffu de la violence, fouvent du crime, & cependant pouvoir
qui fera le feul principe réel de cet ordre focial
nouveau, puifque c'eft lui qui va régler fouverainement les conditions de l'électorat & du vote
duquel tout doit fortir. La loi d'élection dominera
tout ; felon qu'elle fera fincère ou machiavélique,
felon qu'elle s'adreffera à l'intelligence ou à la paffion, felon qu'elle facilitera, extorquera ou efca-
motera le vœu national, le pouvoir définitivement élu fera bon ou mauvais, libéral ou
tyrannique, férieux ou ridicule ; mais dans tous
les cas, ce pouvoir ne procédera de la nation que
de feconde main, & le fceau de violence originelle de fes auteurs fouillera toujours plus ou
moins fon front.

Tel eft, dans toute fa précifion logique, le fuprême effort du fyftème ftrictement rationnel
touchant l'origine du pouvoir.

A coup sûr, au point de vue purement pratique, je ne critique point ce mode de procéder. Après le renverfement, l'anéantiffement du pouvoir traditionnel, on ne pouvait faire autre chofe que de convoquer le peuple en fes comices ; &, tout en paffant fur l'irrégularité dictatoriale de la convocation, il était tout naturel que le peuple fût provoqué à prononcer cette phrafe folennelle qui conftitue, à vrai dire, le plus clair de fa fouveraineté : *Nous voulons* ou *nous ne voulons pas qu'un tel règne fur nous.*

Mais cela réfout-il la queftion de l'origine du pouvoir ? En creufant ce fol révolutionné, avons-nous atteint le tuf ?... Non, mille fois non ; il y a toujours entre deux l'émeute conftituante, qu'on abftrait fans façon, mais qui eft évidemment le germe de tout ce qui s'enfuit.

D'ailleurs, le pouvoir fouverain réfiderait-il, répétons-le, dans ce peuple qui ne *peut* l'exercer, ou ne l'exerce que pour l'abdiquer & le fubir ? On dit bien, pour colorer la chofe, que le peuple *délègue* fa fouveraineté. Théorie creufe plutôt que rationnelle ! Déléguer une fouveraineté vraiment poffédée, & la déléguer fur foi-même ! Mais, fi cela était réel, ne serait-ce pas le comble de l’imprudence & de la déraison? Singulier souverain, en vérité, que celui qui donnerait ainsi droit de vie & de mort sur lui-même! Sans doute on peut déléguer, on délègue souvent son pouvoir à un tiers pour l’exercer sur autrui; mais sur soi-même, est-ce compréhensible? Que, pour une affaire d’intérêt encore, un certain nombre d’hommes se nomment un gérant, qui agira au nom de tous vis-à-vis des tiers & pourra engager l’avoir commun, cela se conçoit. Dans ce cas, en effet, les délégants restent en dehors de leurs personnes, & n’aliènent que l’administration d’une chose ou de leurs droits matériels; tandis que, dans la prétendue délégation politique, c’est l’abdication de tout soi-même, un vrai suicide de puissance. Et c’est là pourtant la plus sérieuse explication de cette spécieuse théorie de la souveraineté populaire!... J’avoue très humblement que mon esprit, sans doute par infirmité de nature, se refuse opiniâtrément à la comprendre.

D’autre part, pour que le pouvoir souverain procédât vraiment du peuple, n’y faudrait-il pas l’unanimité des suffrages? car autrement la minorité ne serait-elle pas en droit de se prétendre tyrannisée & d'éternellement revendiquer son droit méconnu ? Et que dire si les suffrages se balancent, ou si la minorité est de la moitié moins un ? Soutiendra-t-on alors que c'est la majorité qui constitue le peuple, & que seule elle a le droit de faire la loi & de déléguer le pouvoir ? Mais qui ne voit que cette raison n'est qu'un artifice de langage, pour dissimuler la prééminence brutale du grand nombre sur le petit? Le nombre ne raisonne pas, il s'additionne, il s'impose & il écrase ; le nombre, c'est la force ; & la force peut *forcer*, tuer même, elle peut aussi défendre ; mais elle ne saurait jamais créer le droit. Avec le droit, au contraire, un seul est fort contre tous. « Les « enfants même dans le berceau sont forts, » dit splendidement Bossuet.

Le vote n'est donc qu'un mode de désignation nécessaire de celui qui est ou paraît être le plus apte à gouverner ; & la délégation n'est qu'une sorte de phraséologie décevante, imaginée pour flatter le peuple & lui faire accroire qu'il est le maître de celui à qui il va être *forcé* d'obéir.

Il en résulte que l'élu qui s'en prévaut n'a pas

plus de droit à commander & à être obéi que le roi héréditaire ; & que, pour se rendre compte de l'origine des rapports de ce pouvoir avec ses subordonnés ou *sujets* (termes en réalité synonymes !), il est indispensable de remonter, de même que pour l'autre, à celui qui est la souveraineté même, & de qui « procède toute paternité au ciel & sur la terre, » c'est-à-dire à Dieu.

Nous avons, dans une précédente Étude, assez solidement prouvé, croyons-nous, qu'il y a un droit divin pour le pouvoir républicain comme pour le pouvoir monarchique, & qu'il n'y a entre les souverainetés de différence que celle de leur désignation, désignation qui dépend naturellement de l'esprit & des goûts des peuples, les uns préférant les calmes allures de la transmission héréditaire ; les autres, les allures en apparence plus fières, mais en réalité plus orageuses, de l'attribution élective. Du reste, question de forme plus que de fond ; car, quelle que soit son origine, qu'il sorte du berceau de porphyre ou de l'urne démocratique, le Pouvoir souverain est le même, à peu de chose près : il a le premier mot, ou du moins le dernier lui refte toujours ; &, chofe à noter ! les plus defpotiques Pouvoirs ne font pas toujours ceux qui relèvent le moins du vote populaire. On pourrait même foutenir, fans redouter le reproche de paradoxe, que le pouvoir héréditaire eft le plus favorable à la liberté & le moins apte au defpotifme, parce qu'une dynaftie n'eft une force qu'autant qu'elle eft une foi, & qu'elle n'eft une foi qu'autant qu'elle la mérite ; tandis, au contraire, que le pouvoir électif, puifant dans le chiffre même de fes électeurs une puiffance en quelque forte mathématique, eft d'ordinaire écrafant comme le nombre, & comme le nombre, irrefponfable.

Enfin, d'où qu'il procède, il faut toujours que le Pouvoir ait droit à l'obéiffance ; or, il ne l'obtiendra qu'en s'adreffant à la confcience, & là eft la plus forte preuve de fon caractère divin. De deux chofes l'une, en effet : ou ce pouvoir oblige en confcience, & alors ce n'eft pas l'homme qui peut engager la confcience de l'homme ; ou il n'oblige pas en confcience, & alors, ne s'agiffant plus que d'une affaire de force, il n'y a pas plus à difcourir fur ces chofes que fur le droit du berger de conduire fes moutons au pâturage ou à l'abattoir !

On voit combien font grands & peu raifonnés les préjugés de la plupart des hommes fur la valeur relative des diverfes autorités au point de vue de la tyrannie : je ne dis pas de l'abfolutifme, car en ce bas monde humain, fi les idées ou principes font néceffairement abfolus, les faits ne le font jamais; & aucun pouvoir n'exifte qui n'ait fa barrière, fa digue, ou, pour mieux dire, fon contre-poids. Ce contre-poids eft légal ou extra-légal, pacifique ou violent; mais, jufte ou injufte, il entre néceffairement dans les prévifions du penfeur, car l'homme fe défend toujours affez mal des enivrements de l'omnipotence.

Nous avons dit quelle était la forme de gouvernement qui équilibrait le mieux toutes les forces politiques, & les employait le plus fagement dans l'intérêt de l'harmonie fociale.

—

Du Peuple proprement dit, ou de l'élément gouverné.

Nous voici fixés fur la tête du corps focial; nous favons comment elle fe forme & fe reproduit. Il eft temps de paffer au corps proprement dit lui-même, c'eft-à-dire à cette partie du corps focial qui n'eft ni la tête qui lui commande, ni les membres qui le fervent, mais qui, de même que la partie correfpondante dans le corps humain, eft l'atelier où fe produifent & fe renouvellent les éléments de circulation & les forces d'action deftinées à conferver, à développer & à reproduire le corps focial tout entier.

La divifion des fonctions eft la loi de la vie collective comme de la vie individuelle; car la vie collective n'eft qu'une individualité complexe. Auffi, comme la puiffance eft localifée dans la tête sociale, ainsi le travail productif le sera dans le corps, de même que plus tard nous verrons l'action fonctionnelle localisée dans les membres.

Le principe organisateur du corps social sera (le mot le dit assez) la *corporation*. Tout corps vivant se compose, en effet, de groupes d'organes coordonnés à une fin commune, mais essentiellement distincts par leur forme & leur destination. Une agrégation sociale, pour être un vrai peuple, doit donc être (qu'on me passe ce mot) *corporifiée* : tout doit y être groupé en petits corps distincts, inscrits & coordonnés au grand corps dont ils font partie. Et quand nous disons : *doit y être groupé*, nous n'entendons nullement un groupement imposé & surtout officiel. Non ; nous ne faisons qu'affirmer une loi intime d'organisation naturelle, qui doit régir les actes spontanés d'une société en voie de formation. Il y faut laisser agir simplement la nature des choses. Ces efforts de corporification doivent donc être libres ; & le seul mais rigoureux devoir de l'autorité est de les favoriser en les respectant, bien loin, comme

elle le fait fouvent, de les gêner & même de les
profcrire. Il va fans dire néanmoins que le Gouvernement fe doit toujours préoccuper du rapport de ces corporations avec la paix & l'ordre;
& c'eft auffi pour cela qu'elles doivent toutes être
publiques elles-mêmes.

Un peuple qui n'eft pas ainfi conftitué n'eft pas
un vrai peuple. Ce n'eft qu'une maffe d'éléments
individuels non agrégés ou défagrégés, incapables de toute cohéfion & de toute formation
harmonieufe & vivante; &, comme ces éléments
font d'autre part doués d'intelligence, de volonté
& d'initiative, ils font, en plus, néceffairement
défordonnés & turbulents, parce qu'aucun intérêt particulier mis en commun ne les a familia-
rifés avec le zèle pour l'intérêt fuprême du corps
focial. En d'autres termes, un tel peuple n'eft
point un monument conftruit fuivant les lois
de l'équilibre & de la beauté; c'eft un monceau
de pouffière humaine, aride, infertile & tour-
billonnant fous le caprice des moindres orages.

La conftitution par corporation eft, au contraire, une condition ineftimable de puiffance
productive & ordonnée, car elle additionne les

forces, tandis que l'individualifme les divife; & elle eft par là même une garantie de liberté, car elle groupe les légitimes réfiftances, tandis que l'individualifme les éparpille jufqu'à l'atome. Dans cet ordre d'idées & de faits, le travail fe fait refpecter; il difcute fes juftes droits fans luttes, fans crifes induftrielles; il eft à lui-même fon patron, & il l'eft avec intelligence & fageffe, échappant naturellement à toutes les violences brutales & irraifonnées, que provoquent habituellement les exigences du travail individuel.

Les coalitions ou grèves font loin de procurer à l'ouvrier de tels avantages. Iffues de prétentions inacceptables & de réactions inflexibles, elles font inévitablement exceffives; leurs griefs, juftes ou non, ont la paffion pour écueil certain; & elles ne peuvent tendre aux folutions pacifiques & profitables, comme ces corporations calmes & puiffantes, qui font auffi intéreffées à l'ordre public que dévouées par leur inftitution même à la défenfe des droits de tous leurs membres.

Au point de vue politique, l'ordre corporatif favorife encore la repréfentation férieufe, dans les conseils de la nation, de l'intérêt des corps d'état, ſi intimement lié à l'intérêt général ; il permet ſeul, en effet, des élections de mandataires véritables & parfaitement connus de leurs mandants ; tandis que, dans l'ordre ſocial individualiſé, l'électeur ne peut choiſir qu'un mandataire preſque toujours étranger à ſon induſtrie, ſouvent à ſa région, & qui, devant être le repréſentant de tous les intérêts les. plus divers, ne l'eſt en réalité d'aucun, mais bien de la paſſion politique d'ordinaire la plus emportée.

Les faits confirment ces idées : l'Angleterre, c'eſt-à-dire le pays où fleurit du reſte la liberté d'aſſociation la plus large, où le travail national eſt le plus productif, eſt en même temps un pays où la corporation eſt toujours en honneur. Plus apparente, il eſt vrai, que réelle, elle y conſerve néanmoins tout ſon preſtige. Tous les genres d'induſtrie ont la leur ; chacun y aſpire ; & les plus grands perſonnages de l'État, les membres mêmes de la famille régnante ne dédaignent pas de ſolliciter l'honneur d'en faire partie, pour mettre à leur ſervice leur zèle & leur influence. Cet honorariat conſtitue en outre une ſorte de terrain neutre fur lequel fe rencontrent toutes les conditions & tous les rangs fociaux, où fe provoquent toutes les fympathies, où s'effacent toutes les préventions, où fe conjurent toutes les haines de claffe à claffe. Enfin toutes ces corporations, déjà hiérarchiquement conftituées, élifent de plus leurs repréfentants directs, qui vont fiéger en leur nom au parlement, pour y défendre leurs intérêts & y participer à l'œuvre légiflative elle-même. Et tel eft le feul fuffrage férieux.

Dans les pays, au contraire, où l'induftrialifme individuel a été fubftitué à cette organifation favante & protectrice, l'antagonifme haineux des claffes a remplacé leurs rapports bienveillants; & les affociations fecrètes & révolutionnaires, les affociations publiques & organifatrices. Car il faut de toute néceffité au peuple cet élément de vitalité fociale : c'eft fa condition d'être effentielle ; & quand, à cet égard, le légitime & le permis lui manquent, il gliffe naturellement dans l'illégitime & le coupable.

Le droit d'affociation ou de corporation eft donc, dans les fages limites de la loi morale, de la loi politique & de la loi religieufe, un droit naturel, qui doit pouvoir s'épanouir au plein foleil de la liberté, & que les pouvoirs humains ne fauraient interdire ou gêner fans faire acte de tyrannie & fans compromettre la fécurité fociale.

C'eft alors, en effet, que fe fondent ces affociations dangereufes qui, fe cachant comme celu qui veut faire le mal, conftituent une fociété dans la fociété, un État dans l'État. Bizarres compofés de defpotifme myftérieux & de fervitude volontaire, foyers ordinaires des révolutions, on dirait de ces maladies du corps humain, qu'on n'ofe également nommer, & dont l'inévitable réfultat eft de vicier le fang, altérer les humeurs & fe révéler finalement au dehors par d'épouvantables ulcères.

Si l'on y veut bien prendre garde, l'Églife, à ce point de vue, en ouvrant aux âmes ardentes, malades & délaiffées fes afiles, fes cloîtres, fes fanctuaires, fauve, fans qu'on s'en doute affez, la terre au profit du ciel. Il y aurait beaucoup à dire fur le caractère éminemment focial des affociations religieufes, fur leur régime électif égalitaire, leur utilité économique, leur but d'en-

6.

feignement, d'étude ou de charité, but humain poursuivi sans relâche par les moyens divins de la retraite, de la prière & du renoncement. Ces chofes feules, — sans parler des grandeurs exceptionnelles de la vie contemplative, dont le Maître de la vie a dit que c'en était la meilleure part, — font de ces affociations des refforts fociaux néceffaires, aux yeux de tous ceux que n'aveugle pas une impiété fyftématique. Mais ce fujet eft trop vafte pour notre cadre. Ce qui précède fuffit pour juftifier leur place dans la fociété & y fauvegarder leurs droits à l'égal des corporations civiles proprement dites.

Toutes ces corporations conftituent donc, au double point de vue de la fociété religieufe & politique, le néceffaire, ingénieux & compliqué mécanifme de cette partie du corps focial, en qui doit s'accomplir l'œuvre multiple, à la fois confervatrice & progreffive, de l'induftrie nationale. L'analogie avec la partie du corps humain, où fe trouvent réunis tous les organes de digeftion, d'affimilation & de reproduction, c'eft-à-dire tout le travail intime & fécond de l'être, fubordonné aux ordres de la tête & à l'action des membres, cette analogie, dis-je, eſt tellement ſaiſiſſante, qu'elle parle aux yeux & à l'imagination autant au moins qu'au pur entendement.

On ne ſaurait donc conteſter cette loi de *corporation*, qui eſt la loi propre de la vie & de la conſervation des ſociétés, comme elle eſt la raiſon d'être de la liberté & de la ſubordination de cette partie importante du corps ſocial.

Les corporations avaient encore l'inconteſtable avantage de pouſſer à leur perfection relative tous les arts, que chaque induſtrie employait pour réaliſer ſes produits, & cela par les conditions d'intelligence & d'habileté manuelle, qu'elles exigeaient des membres pour leur admiſſion. Enfin, par leurs ſages & ſévères règlements, elles ſoutenaient & maintenaient l'individu dans la voie d'une religieuſe & traditionnelle probité.

Ce fut donc un acte bien irréfléchi &, nous oſons le dire, peu intelligent que celui du gouvernement français de la fin du dernier ſiècle, qui décréta l'abolition abſolue de toutes les corporations ouvrières & plus tard de tous les ordres religieux. Les hommes de cette époque, affolés

de prétentions réformiftes, plus empreffés de détruire que d'édifier, fcandalifés enfin des dévia-
tions de certaines de ces corporations & affociations de leur efprit primitif, s'en prenaient
étourdiment à la chofe quand il ne fallait s'en
prendre qu'à l'abus. L'égoïfme des corporations
en était venu à méconnaître la liberté du travail
individuel ; on y répondit en fupprimant la liberté
de la corporation. Il était plus logique, ce femble,
de proclamer & garantir la liberté de l'un & de
l'autre. Où il fallait correctement réformer, on
trouva plus fimple de brutalement détruire ; & la
manie de la deftruction, gagnant de proche en
proche, atteignit bientôt toute efpèce d'affociation, et jufqu'à la grande corporation fociale elle-
même, plus folidaire qu'on ne le penfe de toutes
celles qu'elle porte en fon fein.

La Révolution, qui crie fi fort contre la réaction, n'eft elle-même le plus fouvent qu'une
réaction auffi maladroite que défordonnée.

Telle eft, ou plutôt telle doit être, la conftitution complexe de la maffe fubordonnée ou du
Corps focial.

Mais eſt-ce là tout ? Une tête & un corps ſuffiſent-ils pour conſtituer un être parfait & pleinement organiſé ? Non, aſſurément : il poſſéderait bien l'organe du gouvernement d'une part, & de l'autre ceux de la nutrition, de l'aſſimilation & de la reproduction ; mais il ſerait encore dépourvu des organes de l'action, c'eſt-à-dire du ſervice, dévoué à la tête & au corps : ſervice ſans lequel un être ne pourrait ni s'adminiſtrer, ni ſe défendre, & grâce auquel, au contraire, il eſt, en quelque ſorte, armé de pied en cap pour accomplir cette double œuvre, & marcher d'un pied ferme dans la voie d'un progrès auſſi ſage que réſolu.

En d'autres termes, il faut à cet être des membres pour exécuter les ordres de la tête & pour ſauvegarder & protéger le corps.

—

Des Membres du corps social, foit de l'élément fervant ou miniftériel.

Oui, dans l'ordre des idées d'analogie avec le corps humain individuel, il eft évident que le corps focial doit avoir des membres fpécialement deftinés à le fervir.

L'analogie eft encore plus frappante avec la famille. Dans cette fociété naturelle & primitive, les enfants font la double proceffion du père, qui en eft le chef, & de la mère, qui en eft la fubordonnée laborieufe & féconde ; ils en font le lien vivant, c'eft-à-dire les membres actifs & dévoués ; leur miniftère y porte même le nom facré de *piété filiale.*

Or, ce qui eft rivé dans l'organifme de l'individu, ce qui réfulte des lois mêmes de l'humaine reproduction dans la famille, ne peut pas ne pas

être une réalité telle quelle dans la fociété nationale. Quelque libre & artificielle que foit la
formation de cette dernière, la loi des femblables
veut qu'elle ait, bien que dans d'autres conditions,
les mêmes éléments que fes germes néceffaires,
que fon double type en un mot.

Il exifte donc, il doit exifter dans tout État un
certain nombre d'hommes, diftinéts du peuple
proprement dit, diftinéts auffi du chef, mais procédant de l'un & de l'autre : catégorie d'hommes,
du refte, éminemment pénétrable, plus ou moins
conftituée, fuivant l'état de la civilifation de ce
peuple, fes traditions, fes goûts, fes mœurs, mais
effentiellement iffue du peuple proprement dit
& inftituée par le chef, & dont la deftination fpéciale eft d'être particulièrement dévouée, fous le
nom d'hommes d'Etat (1), au fervice public pour
le bien focial.

Cette déduétion tend à modifier quelque peu
la doétrine démocratique qui, promenant le niveau
de l'égalité la plus radicale au-deffus de toutes
les têtes, veut, trop defpotiquement à notre avis,

______

(1) Le mot de gentilhomme (*gentis homo*) n'a pas d'autre fignification.

que tout citoyen foit apte de nature & fpontané-
ment au fervice public. Devrons-nous encourir
pour cela cette accufation d'ariftocratie, que
fulminent fi facilement les fufceptibilités ner-
veufes des démocrates? Nous ne le penfons pas,
car nous n'entendons exclure perfonne des grandeurs fonctionnelles : chacun y peut avoir accès
à fon heure; c'eft notre droit public moderne, &
nous n'y contredifons point. Seulement la nature,
qui n'eft ni ariftocratique, ni démocratique, règle
d'ordinaire les chofes, malgré nos lois, fuivant les
fiennes : on ne peut donc faire les honneurs de
celles-ci par calcul de popularité. Auffi eft-ce à
leur feul flambeau que nous allons fcruter &
traiter cette délicate & importante queftion. Elle
relève tout à la fois de l'hiftoire & de la théorie.

Il femble établi par l'hiftoire que, chez tous les
peuples, tant anciens que modernes, le fervice ou
miniftère focial a toujours été le fait fpécial de
quelques hommes plus ou moins nombreux,
fortis, venons-nous de le dire, du fein du peuple
& agréés ou inftitués par le chef, & que le plus
fouvent ce miniftère s'eft immobilifé peu à peu
dans la race, par l'accumulation de cet efprit

7

d'actif dévouement, que l'habitude indéfinie transforme en une seconde nature.

Il est certain encore que les peuples qui ont le plus marqué dans le monde, dont la politique a eu le plus d'énergie & de grandeur continues, font ceux qui ont eu un corps de ministres ou ferviteurs notables continués par l'hérédité, & que les peuples en qui le ministère susdit a été plus individuel, plus rigoureusement électif & plus changeant, tout en préfentant de beaux fervices dans leurs fastes en de certains moments de crifes patriotiques, ne peuvent fe prévaloir d'autant d'hommes éminents, de mœurs politiques auffi fuivies & d'efprit national auffi tenace. A tous ces points de vue, l'ariftocratie, même la plus abufive, ne paraît avoir rien à craindre de fa comparaifon avec la démocratie la plus pure. La pairie monarchique anglaife & la grandeffe efpagnole encore plus monarchique, pas plus que les patriciats républicains de Rome & de Venife, n'ont affurément, au point de vue de l'intelligence & du dévouement au bien public, à s'incliner devant les grandeurs démocratiques anciennes & modernes les plus admirées.

Mais, à vrai dire, il ne s'agit ici ni d'ariftocratie, ni de démocratie : nous en verrons plus tard
la raifon. Il ne s'agit non plus ni d'ancien régime,
ni de nouveau; il s'agit fimplement de l'éternel
bon fens dans la détermination de cet élément
miniftériel ou fervant, dont la nature flotte entre
la notabilité tranfmiffible & la notabilité perfonnelle.

La nobleffe ne ferait donc autre chofe que la
notabilité des races dans l'État : ces deux mots,
l'étymologie l'affirme, font fynonymes. Or, qu'elle
foit officiellement conftituée ou qu'elle ne gife
que dans l'opinion, cette notabilité eft d'ordinaire
la pépinière du miniftère focial ; & elle s'établit
par la force des chofes, comme une conféquence
naturelle de la liberté.

Cette idée femble paradoxale au premier abord;
& pourtant elle fe déduit en quatre paroles : la
liberté & l'égalité, en effet, fainement entendues,
s'excluent prefque néceffairement ; car, l'ufage de
la liberté variant felon les aptitudes & les volontés,
les réfultats de cet ufage devront varier également-
ment ; & un temps viendra, où les races les plus

laborieufes & les plus faines, les meilleures en un mot (αριϲται), feront en même temps & les plus notables, & les plus riches, & les plus honorées.

La notabilité eft, d'autre part, indeftructible ; elle eft l'afpiration des plus hautes âmes ; & elle eft utile dans l'ordre focial, ne fût-ce que pour y conftituer un bien d'ordre fupérieur à celui de la fimple richeffe.

D'accord pour la perfonne, dira-t-on ; mais pourquoi la tranfmiffion de la notabilité à la race ? Pourquoi ?... Parce que c'eft un fait & un fait continu, & qu'un fait de ce genre ne fe peut effacer de la mémoire des hommes. Pourquoi encore ? Parce que le fils, en général, hérite de fon père ; qu'il en doit hériter le bien comme le mal, l'honneur comme la honte, la richeffe comme la pauvreté, le fang pur enfin comme le fang vicié & corrompu. La notabilité eft la propriété native de l'être ; & la tranfmiffion de la propriété eft, quoi qu'on dife, le droit le plus naturel de la liberté. La tradition ou tranfmiffion eft évidemment la loi des êtres fucceffifs ; & la continuation de l'être humain par voie d'hérédité eft un fait de famille & d'État, que, malgré tous les fophifmes fubtils de la paffion politique, les hommes férieux reconnaîtront toujours comme la pierre angulaire de tout édifice focial durable.

Que ces tranfmiffions, au furplus, fuffent réglementées par la loi ou fimplement par l'opinion ; que l'efprit d'une liberté fagement égalitaire les empêchât de dégénérer en un privilége choquant ; en d'autres termes, que le defcendant dût déchoir de ce rang d'honneur quand il s'en rendrait indigne, comme fes pères y étaient montés par leur mérite & leurs fervices ; enfin furtout que cet ordre fût perpétuellement pénétrable & largement renouvelable par tous, au moyen d'un mouvement continu de bas en haut & de haut en bas qui fît monter les bonnes races & defcendre les dégénérées : cela, dans l'hypothèfe d'une nobleffe officiellement inftituée, devrait être de rigueur, pour que l'inftitution ne périclitât pas, qu'elle reftât en harmonie avec l'efprit politique moderne, & qu'elle fût auffi utile à la fociété dans le préfent & l'avenir, qu'elle a pu lui valoir dans le paffé de diftinction & de grandeur.

Or, cela eft à peu près complétement réalifé dans cette fière & libre Angleterre, qui n'a pas cru que la hiérarchie la plus ſtriĉte offenſât la dignité & entravât le progrès : noble pays, où des mœurs graves & un ſens pratique admirable maintiennent le reſpeĉt & l'eſtime entre tous les rangs ſociaux, & ne prennent jamais pour auxiliaires des réformes de la loi, ces haines aveugles & ces réaĉtions inplacables, qui compromettent habituellement le progrès dans certaines démocraties, plutôt jalouſes de ſervice public que ſérieuſement égalitaires.

C'eſt, du reſte, au défaut de réglementation & de pénétrabilité de la nobleſſe qu'il faut attribuer ſon altération, ſon aviliſſement, les ſottes falſifications dont elle eſt ſi ſouvent l'objet, & l'impopularité qui la ronge & la déracine du ſol ſocial. En cet état, elle riſque de n'être bientôt plus qu'un vain prétexte d'amour-propre, d'oiſiveté & d'inſolence, juſticiable des rigueurs de l'opinion, comme toute inſtitution ſans raiſon d'être, comme tout honneur ſans devoir corrélatif.

Mais il faut comprendre que cet état eſt anormal, & qu'il eſt en contradiĉtion avec les aſpirations & les droits de toutes les races, même les plus humbles, à cette initiation graduelle, qui doit être chère à tous les grands cœurs. Qu'eſt-elle autre choſe, en effet, ſi l'on y veut bien prendre garde, qu'un ennobliſſement de l'homme en un autre & par un autre lui-même, qu'une marche triomphale des générations, de toutes les générations humaines, dans la voie d'un progrès où ne reſtent en arrière que les incapables ou les indignes?

La vraie notabilité ou la nobleſſe eſt l'expreſ-ſion de ce mouvement aſcenſionnel néceſſaire de l'homme par la race, & de ſon utiliſation dans la ſociété au double point de vue de ſa gloire & du bien de l'État. Une ſociété ne ſemblerait donc pas trop déraiſonnable, ſi, au lieu de le dédaigner, elle ſavait s'emparer de ce moyen & l'employer à ſon profit, comme le plus grand ſtimulant des vertus patriotiques que l'art gouvernemental ait mis en œuvre de tout temps, & avec un incon-teſtable ſuccès.

Ces idées ſi ſimples & ſi logiques ſont, du reſte, moins en oppoſition qu'elles ne le paraiſſent avec celles de notre temps. Quelque belle théorie radicale dont on faffe oftentation, le fond des chofes n'eft pas fenfiblement changé. Le recrutement du miniftère public, pour n'être plus exclufivement emprunté à la catégorie des notabilités anciennes, n'en eft pas moins le réfultat d'un choix ou d'une élection, c'eft-à-dire d'une diftinction ou notabilité perfonnelle reconnue; &, bien qu'on ait la prétention de ne s'adreffer pour cela qu'au feul mérite, il n'eft pas rare pourtant de voir les plus fervents partifans de la doctrine égalitaire fe prononcer de préférence pour les candidats, que recommande à leurs yeux un nom déjà rendu fameux par un ancêtre aux époques démocratiques de notre hiftoire. Cette notabilité ou nobleffe de convention, comme on l'a nommée fi fpirituellement, conquiert les plus rebelles; ils fe laiffent ainfi dominer involontairement eux-mêmes par ces proverbes gothiques de *Nobleffe oblige* & *Bon fang ne peut mentir.*

Le paffage de la vie privée à la vie publique, c'eft-à-dire du fentiment des intérêts perfonnels à celui des intérêts généraux n'eft point, du refte, auffi facile qu'on le penfe. Sauf d'affez rares exceptions, qui atteftent glorieufement l'égalité de nature entre les hommes, une feule vie n'y faurait toujours pleinement fuffire. Les afcenfions trop brufques donnent le vertige ; & il faut fe faire peu à peu à toutes les extrémités des chofes, à la grandeur comme à la mifère. Difons-le même à l'excufe de la pauvre nature humaine : la fpontanéité des fortunes politiques explique, hélas! mieux que tout le refte, les excès, les folies, les crimes qui, fi fouvent aux temps de révolution, épouvantent le monde.

Concluons-en que l'idée de la notabilité ou nobleffe eft bien l'idée-mère du miniftère focial; que l'élection en eft le point de départ plutôt que la négation ; qu'un élu, un *nommé* eft un homme qui commence à avoir un nom, à prendre pied dans la notabilité par l'entrée dans la claffe miniftérielle ; & que cette claffe, plus ou moins déterminée, qui devient ainfi à la longue la réferve du miniftère où puifera le plus fouvent le Pouvoir, ne doit exifter qu'autant qu'elle foit pénétrable, férieufement pénétrable par tous les talents; tous les génies, tous les grands caractères que peut produire inceffamment le peuple tout entier, &

qu'elle foit maintenue à l'état de fervice permanent & plutôt généreux que profitable à celui qui
l'accomplit.

Il faut en effet que le fervice public foit un
devoir & une charge plutôt encore qu'une carrière & un métier ; il faut qu'il foit recherché pour
l'honneur qu'il confère, plutôt encore que pour
le bénéfice qu'on en doit obtenir.

Il ferait d'ailleurs affez peu patriotique, fous
prétexte de chimériques théories, de ne fe préoccuper à cet égard que des droits individuels & nullement de l'intérêt général. Au point de vue d'une
faine politique, la queftion n'eft pas tant que tous
puiffent s'affeoir à l'envi au banquet d'un budget
fplendide, qu'elle n'eft que le pays foit habilement, honnêtement & économiquement adminif-
tré par ceux qui lui offriront le plus de garanties de
favoir, de droiture & de retenue. Et, certes, les capacités font moins nombreufes que les prétentions !

Que l'acceffion de tous, oui, de tous, aux
fonctions publiques, foit libre & pleine, nous
l'avons dit, c'eft là le droit moderne, c'eft-à-dire
la plus fière comme la plus légitime expanfion du
droit civique ; mais qu'elle foit à ce point favo-

rifée & exagérée, que des avantages pécuniaires
foient néceffairement attachés à toutes les fonctions
au détriment même de l'intérêt focial bien entendu,
c'eft ce qui ne fe peut admettre. Sans doute il eft
jufte que toute capacité puiffe fuivre fa voie, que
l'État puiffe l'utilifer, & que le miniftre politique
vive honorablement de fa fonction, comme le
miniftre religieux doit, felon faint Paul, vivre
auftèrement de la fienne. Mais cela fait-il obftacle
à ce que la fonction publique ne foit pas donnée
lenpâture à des appétits ignorants & ferviles autant
que faméliques; que parfois même fon indépendance rende défirable fa gratuité; en un mot,
qu'elle refte, avant tout, le fervice de l'intelligence
& de l'honneur, naturellement déféré par conféquent à ceux dont l'efprit & l'âme font le plus
capables d'en refpecter & d'en fuivre les lois,
& dont la fortune acquife double le mieux le caractère d'indépendance & de défintéreffement ?
Ariftote lui-même, tout citoyen qu'il eft d'une
démocratie où les électeurs mêmes font payés, ne
craint pas de dire « qu'il faut des gens libres & qui
aient de la fortune pour *foutenir* les *charges* (1). »

(1) Polit., III, 13.

Mieux encore, à ce point de vue supérieur & dans l'ordre même d'une notabilité légalement conſtituée, il faudrait que le plus grand, quelque utile & dévoué qu'il fût, ne ſe conſidérât jamais que comme le ſerviteur du plus petit, & qu'en général toute ſupériorité ne tendît qu'au ſacrifice de ſoi aux autres ; car le ſacrifice eſt le mot d'ordre chrétien de tout miniſtère & de tout ſervice. Oh ! que dans cette voie nouvelle il reſterait peu à l'égoïſme de l'humaine ambition, & combien ſerait merveilleuſement ordonnée une ſociété, où la grandeur miniſtérielle revêtirait une ſi noble livrée !

En dehors de ces conditions eſſentielles d'activité, de milice ſociale & de pénétration continues, un corps de nobleſſe dans un peuple ne ſerait, il faut bien le reconnaître, qu'une uſurpation miſérable de l'amour-propre de quelques-uns ſur la dignité de tous, qu'un groupe chétif de brahmines ſuperpoſé ſans raiſon à un vaſte peuple de parias ; & il eſt bien évident que ce peuple, au nom du principe de mieux en mieux compris de l'égalité chrétienne des âmes, aurait plein droit alors de dire avec l'humble Vierge de Nazareth : *Dieu a fait defcendre de leur fiége les puiffants, & il a exalté les humbles.*

La nobleffe de notre pays préfente encore une élite de grandes âmes admirablement prédifpofées aux plus beaux dévouements militaires : notre dernière malheureufe lutte en a été illuftrée ; heureufement douées, d'autre part, des dons de l'intelligence : nos corps favants & notre haute littérature en font foi ; naturellement aptes enfin aux fonctions publiques & aux mandats parlementaires : nos miniftères s'en honorent, & notre tribune en garde d'éloquents témoignages. Mais, en tant que corps conftitué, conftamment battue en brèche par les lois & furtout par les mœurs, elle femble ne plus exifter : à beaucoup elle paraît ne plus être qu'une vanité furannée, quand elle n'eft pas un ridicule récent. Ainfi, dépourvue d'un recrutement réel & férieux, elle fe voit d'une part envahie par les larrons de nobleffe qui la déconfidèrent, de l'autre affiégée par les jaloufies déguifées en doctrines qui la dépopularifent ; & elle attend, dans une attitude fièrement réfignée, ou fon renouvellement par la plus libérale des expanfions, ou sa fuppreffion radicale.

Affurément l'établiffement, comme au beau temps de la féréniffime république de Venife, d'un Livre d'or régulièrement tenu & maintenu, mettrait au moins de l'ordre dans cette avide afpiration aux diftinctions, qui fe cache au fond de prefque toutes les ambitions démocratiques : il conftituerait un but plus haut que la fortune & les honneurs perfonnels aux vertus civiques ; il relèverait dans les familles l'efprit de race & de tradition, cet élément fi puiffant d'aptitude fonctionnelle, de cohéfion & de durée fociales ; il conftaterait légalement les fupériorités anciennes en leur affociant fans ceffe les fupériorités nouvelles ; &, s'il avait furtout fa fanction dans une cenfure qui le purgeât fans pitié des dégénérés & des oififs, il pourrait être une inftitution très utile & peut-être même acceptable pour les plus ombrageux niveleurs.

Mais notre temps, qui peut mieux que tout autre cependant fe douter de ce que valent les parvenus de Pouvoir, n'en eft toutefois pas à ces idées de folidarité & de permanence des races dans la durée. Uniquement préoccupé des inconvénients que peut préfenter ce mode de hiérarchifation fociale & de fes abus anciens, il en dédaigne les avantages, & préfère reftreindre les garanties de la fociété pour le miniftère focial à la fimple capacité perfonnelle, fi conteftable, & que le fyftème contraire eft d'ailleurs loin d'exclure. L'extrême mobilité qui en réfulte dans les perfonnes & les chofes ne lui femble point fâcheufe; il fe plaît, au contraire, à y voir une éclatante preuve de ce progrès indéfini, qui eft bien en effet une loi du monde, & qui ne détruit & ne change que pour renouveler.

N'eft-ce qu'une illufion?... Cette ébullition continue & fi favorifée des amours-propres eft-elle une fermentation féconde ou le mouvement défordonné de cette fermentation putride qui précède la décompofition? Un état violent peut-il être en même temps un état normal? Le préfent peut-il s'élancer utilement vers l'avenir fans prendre fon élan du fond du paffé?... ou bien fommes-nous à une de ces époques d'orageufe transformation, où toutes les lois analogiques de l'efprit ceffent d'être applicables ?....

- Bornons-nous à pofer au bout de ces queftions très froides fur cette queftion fi brûlante, un immenfe point d'interrogation à l'adreffe des efprits qui réfléchiffent. Cependant, en réfumé, ne craignons pas d'affirmer que, dans l'ordre d'une politique vraiment rationnelle, il faut, qu'ils foient claffés ou non officiellement, qu'une nation foit adminiftrée par fes notables, & que le chef & le peuple aient affez de bon fens pour défigner ceux qui le font ou font dignes de l'être. Car, il n'y a de capacité d'une part, & de refpect de l'autre, que par un tel choix ; &, fans ces deux conditions, il n'y a plus que défordre, & dé-chéance de la chofe publique.

—

Des trois Ordres sociaux.

Mais, après avoir étudié la société dans fa conftitution purement politique, il importe de l'obferver, d'un feul coup d'œil, à un point de vue plus large; &, s'il eft réfulté de nos Études la conftatation en elle de ces trois éléments d'autorité dirigeante, de liberté fubordonnée & de miniftère agiffant, ne fera-t-il pas utile de déterminer à cette heure leur mode d'être relatif dans la conftitution générale de la fociété ?

Or, c'eft là le grand phénomène d'enfemble de la fcience fociale : la fociété humaine eft triple autant qu'elle eft une, & c'eft un fait dominateur avant d'être une doctrine raifonnée : elle eft en même temps domeftique, politique & religieufe ; elle s'appelle à la fois Famille, Patrie, Églife.

La famille eſt inſcrite dans la patrie comme toutes deux le ſont dans l'Égliſe : la première eſt le germe ſocial ; la ſeconde, ſon épanouiſſement extérieur ; la troiſième, ſon activité féconde. Elles conſtituent ainſi trois ordres ſociaux diſtincts & pourtant concentriques, qui ſont néceſſaires de néceſſité organique à la ſociété humaine ; & voici pourquoi :

Ces trois ordres, en effet, formant chacun à eux ſeuls une ſociété intime diſtincte, ont par là même en eux les trois éléments précités ; mais, la prédominance de ces éléments variant néanmoins auſſi en ces trois ordres, il en réſulte que chacun, choſe admirable ! ſemble avoir pour miſſion d'en conſerver la notion la plus pure & la plus haute dans la ſociété générale.

Ainſi :

La famille a bien ſon autorité dirigeante, exprimée par le père ; ſa liberté ſubordonnée, exprimée par la femme ; ſon miniſtère agiſſant, exprimé par les enfants ; mais il eſt clair pour tout le monde que l'élément prédominant dans la famille, c'eſt l'autorité. Et c'eſt là le ſecret de l'hoſtilité acharnée des révolutionnaires contre la famille.

La patrie a bien de même, nous l'avons vu, fes trois éléments : fon autorité, exprimée par fon chef, quel qu'il foit, fa liberté fubordonnée, par fon peuple proprement dit, & fon miniftère agiffant, par fes ferviteurs de tout ordre ; mais il eft non moins clair pour tout le monde que fon élément prédominant eft la liberté. Et c'eft l'explication des vives luttes dont elle eft l'éternel théâtre à cet égard.

L'Églife enfin poffède bien auffi fon autorité, fon chef, fon Très-Saint-Père, dans le Pape, & fa liberté fubordonnée dans le corps de l'Églife ; mais il eft manifefte également que fon élément prédominant eft fon facerdoce, c'eft-à-dire fon miniftère. Et c'eft pour cela que, bien que ce facerdoce hiérarchique foit en fon fein une fonction fpéciale, tout chrétien cependant, dans le fens le plus large du fervice divin, eft dit prêtre, & que le chef fuprême de l'Églife a voulu prendre lui-même le nom de *ferviteur des ferviteurs de Dieu.*

Il y a donc dans la fociété trois autorités, trois libertés & trois miniftères diftincts, qui tous ont droit aux mêmes égards & aux mêmes refpects ;

car ils repréfentent corrélativement les droits également inviolables de la nature, de la loi & de la confcience ; car tous fe pénètrent réciproquement de la vertu qui leur eft propre à chacun, de telle forte que la fociété générale s'en trouve, par là même, élevée à fa plus haute puiffance d'autorité, de liberté & de miniftère.

On voit par là combien font courtes ou perverfes les doctrines de ceux qui réfument toute la fociété dans l'ordre purement politique, & n'admettent par conféquent d'autre autorité que celle de l'État, d'autre liberté que celle de l'État, d'autre miniftère ou fervice que celui de l'État.

Ces théoriciens fuperficiels ou coupables ne comprennent pas ou ne veulent pas comprendre qu'en s'attaquant à la famille, ils defsèchent la fource même de la puiffance fociale dans fes plus légitimes myftères, & qu'en s'attaquant à l'Églife, ils énervent le fervice focial dans fon principe de dévouement & de facrifice le plus facré.

Un fage légiflateur, au contraire, faura maintenir ces trois ordres & les confidérer comme les dépofitaires des trois tréfors de la fociété humaine ;

car, fi l'ordre politique en eft l'ordre plus fpécialement humain, il eft évident que l'ordre domeftique (*quod Deus conjunxit*) en eft l'ordre plus fpécialement divin, & que l'ordre religieux eft le trait d'union néceffaire qui rattache indiffolublement l'homme & la fociété humaine à Dieu.

La fociété domeftique en tant que fociété naturelle, la fociété religieufe en tant que fociété furnaturelle, fe placent en effet bien au-deffus de cette fociété artificielle & changeante, qui porte le nom de fociété politique, & dont la miffion plus extérieure eft de fauvegarder l'une & de protéger l'autre, au lieu de les régir & de les réglementer capricieufement. Car les droits du père dans la famille, comme ceux de l'Églife fur les âmes, font primordiaux & inviolables comme la nature même des chofes & la liberté même des êtres; & les lois civiles, au contraire, n'ont de valeur que par la pénétration intime de ces lois éternelles d'unité, d'indiffolubilité & d'hérédité dont la famille garde pieufement la tradition, & de celles de dévouement & de facrifice dont l'Églife feule a le divin fecret.

Sans doute, c'eft à la fociété civile de formuler

la légalité ftrictement obligatoire, & de la faire exécuter par la force qui relève d'elle ; mais, pour que cette légalité foit féconde & durable, pour qu'elle ait par conféquent prife fur les confciences, il faut qu'elle foit écrite & appliquée fous l'infpiration conftante de ce double efprit du droit naturel & religieux.

Sans doute encore, c'eft à l'État qu'incombe, avec la follicitude de l'ordre matériel, le zèle pour l'ordre moral, & par conféquent pour l'inftruction des générations qui en eft la bafe, & pour la défenfe & le développement des faines doctrines de tout ordre qui en font la raifon d'être. Mais nous établirons plus bas que, pour que l'enfeignement foit fain, pour qu'il élève les âmes en même temps que les efprits, l'autorité politique devra reconnaître que le père, autorité domeftique, eft le premier maître & l'inftituteur naturel de fon enfant, & que l'Églife, autorité religieufe, eft le feul juge, qui foit infaillible, de l'utilité ou du danger des doctrines profeffées au fein de la fociété humaine.

Malheur au peuple en qui s'éteignent le fentiment de la famille & le refpect de l'Églife ! Dépourvus de cette double fource morale & religieufe de l'autorité & du vrai fervice dans la fociété, fes citoyens perdront bientôt l'idée même de patrie, & s'en iront groffir le groupe hoftile, l'armée funefte de ces ennemis de tout ordre focial, que le langage a de tout temps marqués de ces trois appellations corrélatives fi flétriffantes : *dénaturés, révolutionnaires & impies !*

Les trois autorités, les trois libertés & les trois miniftères doivent donc être toujours diftincts dans l'unité fociale.

Cette unité dans la diftinction & cette diftinction dans l'unité des trois ordres fociaux font un affez concluant argument en l'honneur du grand dogme chrétien d'un Dieu un en fes trois perfonnes : fociété fublime Lui-même des trois types vivants & éternels de l'autorité, de la liberté & du miniftère effentiel !

Et c'eft pour cela que l'autorité eft la fubftance éternelle ; la liberté, la forme éternelle ; & le miniftère, la vie éternelle de la fociété humaine.

Mais, ce difant, nous entrons dans la métaphyſique tranſcendante de la ſcience ſociale, que nous avons tenu & tenons à écarter de ces Études.

Rentrons donc dans la ſphère de ce travail de ſimple bon ſens pour étudier plus ſpécialement & plus amplement les rapports de l'État & de l'Égliſe, pour préciſer les garanties ſociales, pour ſignaler les vrais agents de la civiliſation divine & humaine, & enfin pour déterminer la valeur intime du langage dans l'ordre ſocial; puis nous formulerons les concluſions pratiques à déduire de toutes ces théories.

Des Rapports de l'Eglife et de l'État.

L'Églife doit-elle être féparée de l'État ? Quels rapports doit-on établir ou maintenir entre l'une & l'autre ? Tel eft le double problème, dont, en nos temps fi troublés, le philofophe, tout auffi bien que le publicifte, doit s'efforcer de dégager l'inconnue.

Si infuffifant que nous foyons à une telle tâche, nous oferons pourtant l'aborder ; car nous favons que rien n'eft inutile, dans les efforts même les plus humbles tentés pour parvenir à la vérité. Qu'on ne s'étonne donc point de notre hardieffe ! Le fujet, du refte, bien que très auftère, réclame impérieufement l'attention, puifqu'il touche aux intérêts les plus chers du croyant & du citoyen.

Il eft inutile d'ajouter que, dans tout le cours

de cette Étude fi complexe, nous n'entendons pourtant jamais defcendre de cette région fereine de l'idée pure, que ne fauraient troubler ni les violences de la politique, ni les orages de la confcience.

De ce que la fociété a néceffairement fon triple caractère à la fois domeftique, politique & religieux; de ce que les trois ordres fociaux, fi diftincts quoique fi corrélatifs, de la famille, de la patrie & de l'Églife, accufent néceffairement en elle une triple autorité, une triple liberté & un triple miniftère; de ce que ces trois ordres fe déterminent non moins néceffairement encore, par la prédominance relative en chacun d'eux de ces trois éléments de toute fociété, l'autorité dans la famille, la liberté dans la patrie & le miniftère dans l'Églife, & qu'ils font ainfi deftinés par la nature même des chofes à fe fortifier & fe pondérer les uns les autres, de façon à prévenir le defpotifme, l'anarchie & la fervitude en chacun des trois : de tout cela, il fuit évidemment que la théorie de la féparation de l'État & de l'Églife eft auffi radicalement fauffe que la féparation des parties d'un tout organifé ou des éléments conftitutifs d'un être vivant.

Ces rapports néceffaires entre les trois ordres fociaux que nous venons de nommer, ces indifpenfables échanges entre eux de fécondité matérielle, de protection extérieure & d'énergie intime, fuffiraient feuls à réfuter toute idée d'un ifolement refpectif, qui pour tout être compofé auffi bien que pour tout être individuel, eft inconteftablement fynonyme de diffolution & de mort.

Il faudrait bien, d'ailleurs, qu'on fe comprît ; & malheureufement la langue philofophique eft affez mal parlée de nos jours.

Tels demandent la féparation de l'État & de l'Églife, qui ne veulent que parer à la confufion de l'ordre fpirituel & de l'ordre temporel, à leurs yeux également néceffaires néanmoins tous les deux ; tels, au contraire, la réclament dans le défir, avoué ou fecret, de débarraffer le corps focial d'un acceffoire, à leurs yeux inutile ou même dangereux.

Aux premiers, il faut répondre que le remède à la confufion des éléments d'un être n'eft point dans

leur féparation, mais dans leur diftinction réciproque ; que, dans un corps vivant, tout eft dif-
tinct, rien n'eft féparé ; & que la diftinction des
parties dans leur union harmonieufe eft la propre
loi du grand être focial, comme elle eft, le mot
même de diftinction le dit, l'expreffion propre de
fa beauté.

Aux feconds, il faut faire fimplement obferver que leur opinion n'eft qu'un déguifement
d'athéifme, quand elle n'eft pas un athéifme
effrontément profeffé, & que la conféquence très
claire de cette fombre & miférable doctrine, eft la
négation forcée de toute règle férieufement obligatoire des devoirs fociaux, en un mot, la négation de toute fociété véritable.

Ainfi la queftion femblerait déjà réfolue. Mais
comme elle eft mife à l'ordre du jour plus
ardemment que jamais, qu'elle eft même devenue
comme un mot de ralliement pour ceux que la
feule idée de religion importune, il convient,
nonobftant ce qui a été dit plus haut, de la traiter
d'une façon plus approfondie, & de rechercher
la raifon d'être effentielle de cette complexité
néceffaire de la vie & de l'action fociales.

Quelques-uns enfin font de cette queſtion une ſimple queſtion de budget. Évidemment, c'eſt la prendre par ſon petit côté, & ſon plus bas.

Si l'Égliſe eſt inutile & même nuiſible au monde, comme le prétendent certains eſprits privés du ſens ſpirituel des choſes humaines, il faut aſſurément la faire périr d'inanition ; & c'eſt bien là la penſée de ces ſortes d'eſprits.

Si, au contraire, l'Égliſe eſt néceſſaire au monde, comme nous l'allons voir, ſon miniſtère, forcément ſoumis, de même que tous les autres miniſtères ſociaux, aux exigences des beſoins matériels, ce miniſtère, divin & humain tout enſemble, devra toucher, par ce dernier côté, à la grande loi du travail dévoué & à ſes juſtes conſéquences : comme le magiſtrat vit de la juſtice & le ſoldat de l'épée, ainſi le prêtre devra vivre de l'autel. Cela eſt clair, & ne pourrait ſcandaliſer que ces eſprits rêveurs, en qui la ſpéculation pure empêche de prévoir les néceſſités pratiques de tout ordre vivant.

Dans notre pays, du reſte, la queſtion n'eſt point à débattre à ce point de vue, puiſque l'état actuel de l'Égliſe n'y eſt que la très imparfaite réparation d'une fpoliation légale, une forte de compenfation de fon antique patrimoine, paffé aux mains de l'État par des voies qu'a jugées l'impartiale hiftoire.

Quoi qu'il en foit, fi l'on devait encore lui enlever cette dernière reffource, il ne faudrait pas pour fi peu défefpérer de fa deftinée parmi nous. Qu'on lui laiffe alors la liberté, qui eft le droit de tous, & bientôt, grâce à la générofité des fidèles, elle aura recouvré les moyens de vivre & de faire du bien !

Mais laiffons-là ce groffier préliminaire, & entrons dans le vif de la queftion.

Si quelque fophifte irréfléchi venait demander la féparation de la Famille & de l'État, ce qui veut dire la fuppreffion de la fociété domeftique au regard de la fociété civile, le cœur ému des honnêtes gens lui répondrait fans peine : que la famille eft le germe néceffaire & permanent de la fociété humaine, la légitimité naturelle de tout pouvoir de l'homme fur l'homme, la fubftance intime de cette fociété, fon *fub-ftratum* inévitable & comme le roc primitif fur lequel feul elle peut se fonder durablement ; qu'elle est, enfin, l'ordre social à la fois naturel & divin, c'est-à-dire celui que Dieu lui-même a primitivement constitué, & dont seul il réalise la perpétuation par les admirables lois morales & physiologiques qu'il a imposées à cette partie de son œuvre.

Qui donc, en effet, associe les deux éléments premiers de la famille ? Qui maintient dans une unité persévérante cette famille une fois complétée ? Qui cultive cette fraîche fleur de la vie, l'enfant, dans le jardin fermé des saintes mœurs ? Qui forme le jeune homme & le dirige prudemment dans ses voies au sortir périlleux de cette intimité protectrice du foyer ? Qui préside à son union à lui-même, germe d'une nouvelle famille & de nouveaux devoirs ? Qui ? si ce n'est ce sentiment puissant & pur, qui est le principe de toute société vraiment féconde, cet esprit d'amour, en un mot, qui est, en Dieu même, la source intarissable de la vie des divines personnes, comme il est le lien suprême, rattachant entre eux les êtres intelligents & libres, sans le secours d'aucune autre loi ?

Évidemment donc, celui qui voudrait grouper

les hommes, les faire fe multiplier & fe gouverner par la feule vertu de la loi civile, c'eft-à-dire en dehors de cette force première qui produit la famille & de la loi d'union éternelle qu'elle conftitue, celui-là ferait un utopifte quelque peu ridicule, s'il n'était d'abord un théoricien de moralité équivoque, & furtout, comme nous le verrons plus bas, un fauteur de defpotifme intolérable.

La Famille étant la *fubftance* intime de cette fociété humaine dont la patrie ou l'État eft la *forme* extérieure, il eft clair que celle-ci doit tenir à celle-là comme la plante à fa racine, en découler comme le fleuve de fa fource, s'en déduire comme l'effet de fa caufe; & il s'enfuit que la fociété politique doit fauvegarder, défendre & venger de tout attentat la fociété domeftique, à peine de perdre en elle la raifon de fon ordre, le type de fon organifation, le principe de fa fécondité & de fes indifcutables devoirs.

Sans doute la patrie n'eft pas la famille : fa conftitution eft plus fictive & plus volontaire; & ceux qui veulent calquer ftrictement la forme de l'une fur celle de l'autre méconnaiffent cette loi de diftinction qui eft, nous venons de le dire, le caractère propre de beauté de l'ordre focial général. Néanmoins, on ne peut contefter que la famille ne fourniffe à l'État le plus admirable modèle de coordination & de fubordination à la fois impofée & voulue ; modèle que celui-ci reproduit, du refte, avec les différences de proportion que réclame la nature des chofes. Car, ainfi que nous l'avons dit plus haut, fi l'autorité doit néceffairement, dans la fociété domeftique, avoir la prédominance, c'eft la liberté, au contraire, qui devra l'avoir dans la fociété politique.

La Famille eft donc indifpenfablement unie à l'État ; & l'État ne fe peut paffer d'elle.

Mais ferait-ce à dire, d'autre part, que l'État puiffe en faire fa chofe, en difpofer à fon gré, &, méconnaiffant la majefté de fes lois naturelles, la réglementer arbitrairement par fes lois pofitives, armées de la force ?... Il femble inutile de répondre que cela ferait infenfé autant que lâche ; car la famille libre & profpère eft la richeffe morale & phyfique de l'État ; car fon afferviffement par celui-ci ferait l'odieux abus de la force égoïfte contre la faibleffe dévouée. Non ; les lois de la famille font primordiales : elles précèdent & dominent celles de l'État. Infcrites dans le cœur des êtres qu'elles régiffent, en même temps que rivées dans leur organifme, tout empreintes d'amour, incarnées, perfonnalifées dans l'enfant, elles fe réfument manifeftement en ces trois mots auguftes : unité, indiffolubilité, hérédité; & elles réalifent ainfi merveilleufement le continu dans l'inftable & l'éternité dans le temps.

Se figure-t-on, au contraire, l'État intervenant fans ceffe entre les époux pour les unir & les défunir au gré de leurs plus groffiers caprices & de leurs inconftances les plus coupables; offrant la poffibilité du changement comme prime d'encouragement au parjure; fubftituant l'égoïfme volage à la générofité infatigable, la lâcheté du cœur à l'énergie fainte de l'âme, la licence fans terme de parents, démoralifés par la loi même, aux droits facrés de l'enfant & à l'intérêt non moins facré de la race; dépoffédant le père de ce continuateur de fon être & de fon nom, la mère de ce fruit de fes entrailles; violant cette propriété fainte du fang; fe conftituant fucceffivement nourrice, pédagogue & tuteur; difpofant enfin arbitrairement de ce premier des biens que l'homme tienne de la faveur divine, de *son* enfant en un mot, comme d'un croît du troupeau national, que le premier gouvernement venu aura le droit de parquer dans les maigres & souvent malsains pâturages de la pédagogie officielle? Se figure-t-on, enfin, l'État transformant une association solennelle ayant pour but l'éternelle union des cœurs & la continuation de la création divine, en un misérable engagement temporaire, sorte d'autorisation légale à des adultères sans fin?

Qui ne prendrait en pitié ces immixtions exorbitantes de l'État? Qui ne serait indigné de ces abaissements immérités du premier des trois ordres sociaux? Qui ne comprendrait que l'État ne toucherait à la famille que pour profaner cette œuvre plus directement divine? Non; la Famille précédant l'État dans le temps, l'État ne peut prétendre à la remplacer : il n'a qu'un office à remplir à son égard, celui de protéger avec respect ce type sacré de la société humaine, qui rayonne sur lui & le pénètre à son insu de ses ardeurs & de sa fécondité.

Mais si la Famille est, de nécessité, unie à

l'État, si elle eft la fubftance intime de la forme fociale, que dire de l'Églife, & comment fe refufer à admettre qu'elle eft le lien qui unit entre eux ces deux ordres premiers de l'enfemble focial, & les affocie dans l'unité d'action d'une vie active & perfiftante ?

En effet, la famille & l'État ont chacun la charte de leurs droits & de leurs devoirs, finon féparée, du moins fort diftincte. Mais qui les déterminera avec pleine raifon ; qui les fanctionnera avec pleine juftice ?

Sans doute la fociété domeftique porte en foi le fentiment inné des fiens : elle veut, en fomme, un époux affectueufement protecteur, une femme librement fidèle, une mère... Eft-il befoin même de dire ce qu'elle exige d'une mère ? des enfants enfin tout pénétrés de cette religion du foyer, qui a reçu le beau nom de *piété filiale*. Et l'amour, qui eft fa loi fuprême, empreint tous ces droits de fuavité, tous ces devoirs de courage, tous ces rapports intimes des cœurs de généreufe réciprocité.

Sans doute auffi, la fociété politique ne manque pas de lois pofitives pour formuler plus ou moins heureusement la somme des droits & des devoirs qui la constituent : elle veut, en effet, une autorité respectable, une liberté respectée, un ministère social vraiment dévoué à l'un & à l'autre. Et la raison humaine, ordinaire reflet de la raison divine, donne à ces prescriptions fondamentales toute la consécration dont est susceptible la volonté sociale humaine.

Mais, évidemment aussi, le sentiment, dans la Famille, peut faire fausse route sous l'impulsion opposée de l'aveugle passion ; &, dans l'État, la raison juridique peut mal définir les droits & les devoirs civiques, sous l'influence malsaine d'une sophistique hostile à l'ordre social & souvent à Dieu lui-même.

Et, tels encore que ces droits & ces devoirs soient déterminés & rédigés les uns & les autres, nous avons dit plus haut : Qui les sanctionnera pleinement ?

La sanction, en effet, c'est la récompense ou la peine au regard de la loi obéie ou violée. Or, pour donner l'une ou imposer l'autre avec une pleine efficacité, il faudrait une inépuisable richesse ou une force irrésistible ; & l'État n'a ni l'une ni l'autre pour égaler ainſi la rémunération au mérite ou la punition au méfait : d'une part, il eſt des ſervices & des dévouements que tout l'or du monde ne ſaurait payer ; & la force, d'autre part, eſt toujours impuiſſante par quelque endroit.

La loi purement humaine de la Famille ou de l'État ne peut donc utilement ordonner l'accompliſſement réſolu de ces devoirs héroïques, qui, dépaſſant toutes les viſées de l'intérêt perſonnel honnêtement entendu, s'accompliſſent ſouvent au prix d'une vie que tant d'hommes préfèrent à la gloire & même à l'honneur ! Que donner à qui donne généreuſement ſa vie ? De quoi menacer qui en fait follement le ſacrifice ?

La Famille ni l'État ne peuvent ainſi ſe faire pleinement obéir, car l'une n'a pas de gendarmes, & l'autre n'a que des gendarmes. Qu'adviendrait-il donc de l'ordre ſocial ſi l'Égliſe ne ſuppléait victorieuſement à ces deux impuiſſances ; ſi, en d'autres termes, elle n'avait plus & mieux que des gendarmes ; ſi elle n'était l'agent infatigable du Dieu même des citoyens & des gendarmes, de ce Dieu qui les éclaire tous, les fortifie & les tient en haleine dans la voie de leurs devoirs refpeétifs, par fes promeffes infaillibles autant que par fes infaillibles menaces ?

Oui, l'Églife eft le reffort fecret des cœurs & des volontés dans l'accompliffement de l'ordre focial : fon Décalogue double la loi humaine d'une force coercitive invincible, & fon tribunal des confciences, tout humble qu'il foit en apparence, a des verdiéts de févérité & de miféricorde plus efficaces que tous ceux de la puiffance humaine. Ce Décalogue, en effet, ne régit-il pas jufqu'aux penfées & aux défirs ; ce tribunal des confciences ne profcrit-il pas, bien qu'en les pardonnant, tous ces crimes invifibles de la volonté, infaififfables préludes des attentats extérieurs que peut feuls atteindre le juge humain ? Et, dans cet ordre de fauvegarde & de réparation fociales tout opère fûrement, parce que tout y eft volontaire, parce que la loi eft dans les cœurs, & que le coupabie même eft fon propre & fortuné bourreau.

A l'homme qui veut fonder une famille, la loi humaine dit bien : Tu dois proteétion à ta femme ; à la femme : Tu dois obéiffance à ton mari ; à tous

les deux : Vous vous devez fidélité, fecours, affif-
tance ; aux enfants, qui furviendront plus tard
pour compléter cette fociété domeftique, elle dira
de même encore : Soyez foumis & fecourables à
ceux dont vous tenez le bienfait de la vie.

Mais, de l'amour, qui doit être le lien premier
& éternel de tous ces êtres, de cette obligation
facrée du cœur, fans laquelle le mariage n'eft
qu'une affociation déshonorante ou miférable, de
ce fentiment augufte, pas un mot. Que dis-je ?
certaines lois humaines n'ont pas honte de prévoir fon extinction ou fon remplacement.

Enfin, après ces avis en forme d'injonction,
s'accomplit une cérémonie d'une folennité fi conteftable, qu'elle ne parvient, d'ordinaire, à dominer ni la jovialité, ni même parfois l'humeur
railleufe des affiftants les plus intéreffés.

Pourquoi cette manifefte impuiffance de la loi
humaine fur l'intime de la famille ?... Pourquoi ?
parce que l'ordre focial patriotique, repréfentant
plus fpécialement la forme fociale, comme la
famille repréfente fa fubftance, ne peut intervenir
dans cet acte fi important que pour fa conftatation & fes effets extérieurs ; & que l'Églife, qui

repréfente, elle, fa vie morale & fpirituelle, peut feule traiter dignement de ces chofes d'intimité, de cœur & d'âme, qui, felon fes lois, commencent dans le temps, mais pour fe continuer à jamais au delà du temps.

Auffi eft-ce pour cela que l'Églife ne fe borne pas à recevoir & à rédiger des engagements; qu'elle les bénit, les confacre & les fanctionne au nom de Dieu ; qu'elle rappelle à chacun les grands devoirs conjugaux, & qu'elle commande, oui, commande à tous ce pur & faint amour, qui les transforme en pures jouiffances & en vrai bonheur.

C'eft pourquoi auffi les époux chrétiens s'inclinent devant elle comme devant l'autorité fuprême en ces matières : autorité qui feule les accompagne jufqu'au fein du foyer, qui ofe même franchir le feuil de la chambre nuptiale, pour faire régner l'honnêteté jufque dans la paffion, & fauvegarder ainfi les intérêts facrés de ces enfants, dont plus tard elle formera les cœurs à des devoirs non moins facrés.

En trois mots enfin : fi la Famille eft la fociété divine, c'eft-à-dire inftituée primitivement par le

Créateur lui-même (*quod Deus conjunxit*) ; fi la Patrie ou l'État n'eft qu'une fociété plus fpéciale-ment humaine, c'eft-à-dire plus directement infti-tuée par les hommes, l'Églife étant plus excel-lemment, & furnaturellement parlant, la fociété divine & humaine, c'eft-à-dire inftituée par le Dieu-homme & douée, à fon image, du double caractère divin & humain, n'eft-elle pas l'inter-médiaire néceffaire des deux premières, & comme le lien fupérieur qui les rattache dans l'unité fous le regard de Dieu ?

A l'homme qui, par l'hérédité ou l'élection, eft appelé à régir l'État, rarement la loi humaine fixe la jufte limite d'une autorité toujours nécef-faire ; parfois même elle lui livre tous les droits publics ou privés fans garanties ni réferves ; d'au-tres fois, par contre, elle lui impofe des condi-tions impératives fouverainement bleffantes pour fa dignité.

De même, à la maffe du peuple qui eft toujours néceffairement gouvernée, ou elle forge un joug qui avilit l'obéiffance, ou elle lui reconnaît des droits de fouveraineté & des devoirs de réfiftance, qui n'ont d'autre effet que de multiplier & de légitimer l'anarchie.

Enfin, à ceux qui veulent fervir l'État, ou elle impofe une fujétion humiliante, ou elle laiffe prendre une indépendance orgueilleufe, qui met en péril les droits de l'autorité dont ils relèvent, & l'unité du peuple dont ils font iffus.

Dans tout cela, la loi humaine ifolée ne peut ainfi qu'excéder au grand détriment de l'ordre focial, fous l'influence alternative des poffeffeurs ou des jaloux de la fouveraineté, car elle ne faurait, en cet état, trouver en foi cette notion fûre du Pouvoir, de l'obéiffance & du fervice légitimes, que feule l'Églife poffède pleinement & tranfmet aux fociétés affez fages pour avoir recours à elle en ce dénuement.

Oui, il n'y a point d'humiliation pour les puiffances humaines à s'unir à l'Églife, c'eft-à-dire à cette puiffance d'ordre fupérieur, laquelle, agiffant dans une autre fphère qu'elles, ne peut ni ne doit leur porter le moindre ombrage. Société des feules confciences, élevée par fon objet & fes tendances au-deffus des mefquins intérêts de la terre, faible & défarmée, l'Églife, intime à l'État, quoique diftinéte de l'État, ne peut lui être étrangère, ni hoftile, ni redoutable ; car elle n'eft qu'une force morale dans une faibleffe phyfique & volontaire ; &, loin de divifer, elle eft l'expreffion la plus pure & la plus noble de l'unité fociale entre les hommes.

L'Églife, en effet, commande l'obéiffance aux gouvernés, le dévoûment abfolu aux gouvernants, l'amour à tous ; &, en limitant le droit de l'homme par le droit de Dieu, elle fait non des infurgés, mais des martyrs.

Au contraire, l'État qui fe fépare de l'Églife, c'eft-à-dire de toute idée religieufe formulée & pratique, eft évidemment athée, car on ne croit en Dieu que lorfqu'on le confeffe & qu'on l'adore. Or, — fans parler de la fingulière fituation de celui qui alors gouvernera, croyant peut-être en dedans, incroyant forcément en dehors, à moins que, pour le malheur de ce peuple, il ne le foit dans les deux cas, — au point de vue de cette doétrine toute négative, qui donc oferait affirmer un droit de fouveraineté quelconque de l'homme fur l'homme ?

Dans cet ordre, ou plutôt dans ce défordre d'idées, l'homme individuel n'a rien, en effet, au-deffus de lui ; nul être fupérieur dont il relève & dépende, nul légiflateur dont il ait à fubir la loi. Indépendant, affranchi de tout devoir, il eft en droit de repouffer toute autorité, même celle du père ; il n'a contre lui & au-deffus de lui que le nombre & la force. Car c'eft en vain qu'on lui impoferait la fouveraineté de la raifon, fa raifon individuelle ayant tout droit, en cette hypothèfe, de protefter contre la raifon générale ; & cette raifon générale elle-même étant, après tout, peu de chofe, fi, officiellement du moins, la raifon éternelle & vivante n'eft pas.

Qu'eft-ce donc que la fociété réduite à faire de l'ordre avec le nombre & la force ?... C'eft une cohue de volontés affamées ou rétives, afTervies aux brutales lois de la feule matière ; ce font les mathématiques fubftituées à la raifon & à la morale dans la régie des chofes & des êtres raifonnables ; c'eft une fociété enfin qui échappe aux obfervations du philofophe pour tomber fous la loi du géomètre, du maçon & du fergent, & qui, perdant ainfi toute dignité, mérite de fubir toutes les tyrannies, c'eft-à-dire tous les aviliffements.

Laiffons-la donc dans cet humble milieu des forces phyfiques & des fujétions impofées, qui fuffifent à fon ordre apparent comme à fes tendances vulgaires : on ne peut arrêter une nation affolée d'erreur, qui fe rue à fon déshonneur & à fa perte ; mais attendons patiemment & avec confiance l'heure inévitable des grands enfeignements du malheur, & des défenchantements fubits de la fortune. Car auffitôt, fe retournant inftinctivement vers cette Églife abandonnée, repouffée, perfécutée peut-être, elle la rappellera à grands cris à fon fecours, & chantera de nouveau avec elle le *Surfum corda* du falut.

Et alors, fans reffentiment du paffé, généreufe comme une mère, l'Églife rouvrira à la repentante tous les tréfors de fon amour & de fes fécondes doctrines ; elle lui donnera le fecret de cette autorité raifonnable & légitime, que limite néceffairement le droit de Dieu & de la confcience humaine : de cette liberté faine & fière, qui ne fe foumet à l'ordre humain que parce qu'il eft & autant qu'il eft la reproduction fidèle quoique affaiblie de l'ordre divin ; de ce miniftère zélé

& généreux enfin, qui ne fert fi bien l'État que parce qu'il puife dans le fentiment religieux le vrai fentiment du dévoûment & du facrifice, dont le modèle eft au Calvaire.

Ainfi la fociété fera reconftituée felon l'exemplaire divin; & tous fes éléments : chefs, peuple & miniftres, pacifiés & tournés au but fuprême de la civilifation, réaliferont cet ordre moral parfait, qui n'eft que la fomme des devoirs de l'humanité envers fon divin Auteur.

Oui, nous ne faurions trop le redire, dans un peuple normalement conftitué, l'Églife eft vraiment la vie intime de la fociété humaine, parce qu'elle eft le principe efficient des devoirs, c'eft-à-dire la lumière & la force qui les fait connaître & pratiquer, parce que furtout elle leur donne une fanction, qui laiffe bien loin derrière elle toutes les énergies préventives ou répreffives des lois purement humaines. Mais il fe peut que la fociété ne foit pas normalement conftituée. Ainfi le veulent, hélas! fouvent les paffions humaines; telles font les conféquences poffibles de l'humaine liberté! En d'autres termes, deux hypothèfes s'impofent à nos réflexions : ou le peuple n'eft compofé que de chrétiens catholiques, c'eft-à-dire d'enfants foumis de l'Églife; ou la divifion religieufe l'a fractionné en catholiques, en ce que nous appelons nos frères féparés, & même en incroyants radicaux.

Quels feront les réfultats & le *modus vivendi* réciproque de l'État & de l'Églife dans ces deux hypothèfes? Effayons de le dire en terminant :

Évidemment, le premier état eft, comme nous venons de l'affirmer, l'état normal de la fociété humaine; c'eft l'état focial en fon plein & parfait développement. Rien n'eft beau, en effet, comme un peuple fainement libre, qui penfe d'un même efprit, aime d'un même cœur & vit d'une même âme. L'accompliffement des actes de fa vie fociale, devant les hommes dans l'unanimité de fes volontés, & au pied de Dieu dans l'unanimité de fes adorations, eft un fpectacle dont rien n'égale fur la terre la fublimité & la grandeur. Il fe peut que des efprits d'indépendance exagérée fe déplaifent dans ce milieu falubre & lui préfèrent les fièvres de l'anarchie & les licences de l'athéifme; mais il n'en fera jamais ainſi de ceux qui comprennent la vertu de l'unité & reſpectent les lois de la vraie vie.

Ces eſprits pleinement chrétiens, heureux de leur place telle quelle dans l'organiſation de ce vaſte corps, en vrais fils de la paix & de l'ordre voulus de Dieu, feront jaloux de ſauvegarder ſa robuſte conſtitution, comme un homme, ſain de corps & d'eſprit, s'efforce de ſe préſerver de tout ce qui peut compromettre ſa double ſanté ſpiri-tuelle & corporelle.

Mais, pour bien préciſer leurs efforts & les juſtifier, il importe avant tout de poſer les prin-cipes en peu de mots :

L'ordre eſt de deux ſortes : il y a celui des eſprits & celui des corps, celui des idées & celui des intérêts, l'ordre moral, en un mot, & l'ordre matériel. De ces deux ordres, le ſecond eſt in-conteſtablement ſolidaire du premier; il en dé-coule comme la conſéquence de ſon principe éternel.

Le bien de la ſociété veut donc que ces deux ordres ſoient maintenus.

Et, cependant, fi tous les hommes font d'accord pour réprimer le défordre matériel, tous ne le font pas pour réprimer le défordre moral. Autres, difent les partifans de la liberté abfolue, font les droits de la penfée; autres, ceux de l'action.

Il faut s'entendre. L'action, évidemment, relève ou mieux reffortit du for extérieur; &, toutes les fois qu'elle trouble l'ordre, le magiftrat a prife fur elle, au nom de l'intérêt général. La penfée, au contraire, fe renferme dans le for intérieur, comme en un fanctuaire inviolable, &, tant qu'elle ne s'eft pas produite au dehors, elle entend ne relever que de la feule confcience.

Cela admis, & qui ne l'admettrait? quels feront les droits d'une nation à croyance homogène vis-à-vis de l'erreur religieufe individuelle qui tenterait de la troubler? Évidemment, elle devra s'oppofer aux actes extérieurs, qui feraient un fcandale & une offenfe à l'endroit de la croyance qu'elle profeffe. Un peuple a droit, en effet, au refpect de l'individu, & peut le lui impofer, s'il tentait d'y manquer. Donc toute attaque, foit par la preffe, foit par la parole publique, foit par la voie de fait, contre le culte de ce peuple, tombera fous le coup d'une répreffion légitime. Nous ne dirons pas, affurément, comme le philofophe du *Contrat focial*, que ces actes méritent la mort; car c'eft jufque là qu'allait cet étrange doctrinaire de la Révolution; mais nous penfons réfolûment que, dans un pays de foi unanime, tous les actes de la penfée manifeftée, qui tendent à troubler les confciences & à fcandalifer la foi des petits, doivent être confidérés comme un crime de lèfe-nation, compromettant au plus haut degré la vie fociale de ce pays. L'ordre moral a fes poifons comme l'ordre phyfique; & la fanté des âmes veut être fauvegardée à l'égal au moins de celle des corps. L'ignorance populaire en ces deux cas appelle & néceffite l'intervention de la fcience publique, qui eft celle de l'ordre en tout genre.

Ces actes font donc jufticiables tout à la fois de la prudence & des févérités de la loi. Que ces févérités foient tempérées de miféricorde, on le concède volontiers. Abufées par ce grand intérêt focial mal compris, les religions nationales fauffes ont pu & peuvent encore exagérer les préventions

& répreſſions de cet ordre juſqu'à la cruauté; il n'en ſaurait être ainſi de cette religion clémente, dont le Dieu eſt une victime; & la première des lois, le pardon.

Sous cette ſainte réſerve, la loi humaine devra veiller à l'intégrité de la foi de cette nation avec la ſollicitude éclairée, que commandent tout à la fois & l'ignorance du pauvre peuple, ſi facile à égarer par les eſprits intempérants ou pervers, & les paſſions de tous, ſi diſpoſées toujours à s'inſurger contre la morale qui n'a de ſanction que dans la ſeule juſtice de Dieu. En cet ordre d'idées, le gouvernement de ce peuple a vraiment charge d'âmes, & ſon chef eſt, comme le dit ſi bien l'Égliſe elle-même, l'évêque extérieur; il fait ainſi reſpecter la foi officielle, & la défend bien ou mal aux périls & riſques de cette Société. Si cette foi eſt bonne (& il ne peut y en avoir qu'une, puiſque la vérité eſt une comme Dieu même), les fruits ſociaux de cette foi ſeront bons; ſi c'eſt une foi réduite, hérétique, ou choiſie arbitrairement par l'homme, ſa fécondité ſociale ſera réduite d'autant; ſi c'eſt une foi fauſſe, enfin, les fruits en ſeront inévitablement mauvais.

Mais, fi cette fociété eft divifée de croyance, il n'en peut être ainfi : la dignité des confciences infpire & commande d'autres règles.

Quelque fauffes & égarées que foient toutes ces croyances, à une feule près, elles font néceffairement laiffées à leur activité propre, lorfqu'elles n'offenfent pas *ex profeffo* ces principes éternels de bon fens & de morale que toute fociété doit fauvegarder; &, dans ce conflit de doctrines, c'eft au temps & à la vérité qui l'emporte toujours à la longue, que la fcience politique eft forcée de donner la parole & de laiffer l'action.

Il y a néanmoins des nuances à obferver :

Ou la nation en queftion eft divifée de croyance en parts inégales, de telle forte que numériquement l'une d'elles prédomine; ou elle eft fractionnée en parts, dont l'importance numérique fe balance en quelque forte mathématiquement.

A coup fûr, d'abord, la liberté de la foi doit être toujours refpectée dans le for intérieur. N'y eût-il qu'un feul diffident dans le peuple, aucune preffion ne doit être exercée fur fa confcience. C'eft l'inviolable citadelle de la penfée & de la volonté religieufes, que les foudres de Dieu ou fes grâces toute-puiffantes peuvent feules forcer. Les dragons ne feront jamais de bons miffionnaires ; & la parole de Dieu eft le feul glaive qui ait le droit de plonger jufqu'aux moelles de l'âme, pour y introduire par fa douce violence la vérité & l'amour divins.

Mais il n'en eft pas de même du for extérieur.

Au premier cas, la croyance dominante a évidemment ces droits de la majorité, de nos jours proclamés fi hautement, en vertu defquels on peut & doit reftreindre les manifeftations d'une doctrine & d'un culte, hoftiles à la doctrine, au culte proprement national. C'eft tout enfemble acte de bon fens & de foi : car le falut d'un peuple y eft en jeu, autant que les intérêts de la foi publiquement profeffée. Ainfi tout ce qui dépaffe les juftes bornes d'une polémique férieufe, tout ce qui peut porter à la haine & au mépris des hommes & des chofes au point de vue religieux, doit être réprimé comme un abus, comme une injuftice, comme une ingratitude furtout envers une majorité généreufe, qui eût pu, à la rigueur, févir au lieu de tolérer.

De nos jours, il faut le reconnaître, les peuples catholiques font ceux qui ufent de ce droit avec le plus de modération ; les autres l'appliquent le plus fouvent avec grande rigueur : il en eft de même de tous les peuples à tendances révolutionnaires. Il eft affez curieux, en vérité, de voir tous ceux qui fe difent les champions du libre examen ou de ce qu'ils appellent fi pompeufement la libre penfée, gêner à plaifir la liberté de confcience de ceux qui ont, à leurs yeux, l'impardonnable audace de ne penfer point comme eux, & fe donner ainfi, lorfqu'ils font les plus forts, le double tort d'exagérer induement le droit gouvernemental dont nous parlons, & de contredire manifeftement leur propre doctrine. Mais ce n'eft pas d'aujourd'hui que nous favons que la liberté réclamée fi ardemment par les minorités, eft bien plus fouvent une machine de guerre qu'une prétention fincère & vraiment logique.

Au deuxième cas, au cas où il n'y a pas de croyance dominante, évidemment alors, les forces fe balançant, les droits fe doivent de même forcément équilibrer ; & le devoir du gouvernement, comme de tous les citoyens, fera, finon de refpecter (la vérité feule étant refpeétable), du moins de tolérer les diverfes croyances & leurs manifeftations diverfes, en leur donnant leur part de fauvegarde & de fubfides dans la jufte mefure des exigences de l'ordre public & des bonnes mœurs. Ce qui veut dire, on le comprend fans peine & fans autre preuve, que la liberté de confcience, comme toute autre liberté, ne faurait être illimitée, & que le culte de Moloch, dans une fociété honnête & réglée, ne peut pas plus prétendre au droit de cité que celui de Vénus ou d'Adonis.

Il y a loin de ces principes de raifonnable tolérance, néceffaire dans toutes les chofes de l'âme, à ce fyftème de reconnaiffance de certains cultes, qui, plaçant l'erreur fur la même ligne que la vérité, non feulement leur accorde à tous, en plus de cette tolérance, une bienveillante protection, mais encore va jufqu'à leur demander à tous, au nom de l'État, le fuffrage de leurs prières dans les grandes circonftances de la vie fociale. Ce fingulier & uniforme appel à des cultes, qui ſe condamnent & s'excommunient les uns les autres, n'eſt évidemment qu'une forme vaine de mécaniſme adminiſtratif indigne d'une nation ſérieuſe; car elle atteſte un indifférentiſme voiſin de la négation, ou tout au moins du dédain, de la vérité religieuſe, eſſentiellement une & excluſive dans ſon culte comme elle l'eſt dans ſes dogmes. Dans cet état de diviſion, ne devrait-on pas ne s'adreſſer qu'à la religion dominante; &, dans le cas où aucune ne le ferait, laiſſer toutes ces âmes diviſées à la ſeule inſpiration de leur patriotiſme aux pieds de Dieu, qui ſeul peut juger de la foi des unes dans la vérité, & de la bonne foi des autres dans l'erreur?

Mais ce n'eſt point tout : les rapports de l'État ne ſont pas ſeulement avec l'Égliſe intérieure; il en doit avoir encore avec l'Égliſe extérieure, ſi l'on peut nommer de ce nom la grande, la vaſte, la catholique Égliſe de Jéſus-Chriſt, cette univerſelle patrie des âmes, ce lien ſocial ſuprême, qui rattache enſemble tous les membres de l'immenſe famille humaine, tous les enfants du même Dieu.

Cette Égliſe, une comme la vérité, doit donc

avoir fon centre unique, &, par conféquent, fon chef fuprême; & ce chef, ce roi des âmes répandues dans toutes les nations du monde, pour être vraiment tel, doit être indépendant de tout pouvoir humain. Ainfi le veut le refpect dû à la vérité & à la liberté des confciences; ainfi en a-t-il été pendant de longs fiècles; & ce fait, l'un des plus grands, & des moins explicables, humainement parlant, de l'hiftoire humaine, prouve à lui feul, contre des efforts momentanément triomphants, qu'il eft une loi providentielle pour cette Églife, à laquelle Dieu coordonne toute chofe & avec laquelle il a promis d'être toujours. Que cela eft loin de ces Églifes nationales ou fchifmatiques, qui ont pour chef des chefs politiques fouvent mécréants, dont le clergé n'eft qu'un corps d'officiers fubordonnés de police morale des âmes, & dont les croyances font mobiles comme les mobiles lois humaines!

Or, les rapports de l'État avec l'Églife centrale ont pour objet, premièrement, les défignations épifcopales, c'eft-à-dire la conftitution hiérarchique, ou l'ordre facré de chaque Églife particulière ; &, fecondement, le règlement de l'adminiſtration de chacune de ces différentes provinces de la Catholicité, dans le rapport de leurs droits nationaux diſtinɛts. — Il importait, en effet, au premier cas, que chaque pays de la Catholicité, une fois conſtitué chrétiennement, eût ſon ſacerdoce indigène, comme, d'autre part, il était néceſſaire que ce ſacerdoce reçût toujours ſes pouvoirs & ſa conſécration de ſon premier & légitime paſteur, de ſon autorité ſpirituelle centrale. Il était juſte, de même, au ſecond cas, que chaque égliſe particulière pût, nonobſtant ſon unité de foi avec l'Égliſe univerſelle, conſerver intaɛtes & ſes coutumes & ſes reſſources propres.

Et toutes ces choſes ſont ainſi arrêtées & garanties entre les deux puiſſances par ces aɛtes ſolennels d'entente ou d'accord, ſi bien nommés pour cela *Concordats*. Sans doute ces concordats, conſentis ſur l'inſiſtance de la Puiſſance civile, modifient parfois très regrettablement les antiques règles diſciplinaires de l'Égliſe ; mais, comme celle-ci n'eſt eſſentiellement inflexible que ſur le dogme ou la vérité immuable, elle s'accommode avec une bienveillance toute maternelle à ces exigences pour éviter le mal plus grand d'une rupture de l'unité, & elle se contente alors d'opérer le bien, en cette société, dans la mesure de sa constitution & de sa bonne volonté relatives.

Les deux fameux systèmes de l'Ultramontanisme & du Gallicanisme réduits à ces termes, & il faut bien les y réduire, sont peu de chose en vérité, & n'auraient dû faire couler ni tant d'encre ni tant de sang. Sainement entendus, en effet, l'un signifie la légitime puissance unitaire de l'Église universelle; l'autre, les libertés non moins légitimes, reconnues par cette puissance elle-même, au profit de chaque église particulière.

Tels nous paraissent devoir être les rapports normaux de l'Église & de l'État; tels ils ressortent de la convenance de respecter la liberté des âmes. Mais ils ne sauraient être entendus dans le sens d'un droit de cité formel reconnu à l'erreur. Car ce droit n'appartient évidemment qu'à la vérité; car l'erreur ne peut prétendre qu'à une simple tolérance accidentelle, c'est-à-dire toujours subordonnée aux intérêts spirituels & aux exigences morales de la nation, au sein de laquelle elle s'est malheureusement implantée.

En réfumé :

La féparation des deux puiffances, c'eft la dif-
fociation des deux éléments conftitutifs de la fociété humaine, de fon corps & de fon âme; en
un mot, fa mort.

Leur cumul, c'eft l'afferviffement de ce qu'il y
a de plus fufceptible en l'homme, la confcience,
à des théocraties ou à des mécréances, également
tranchantes, dominatrices & oppreffives.

Leur diftinction harmonieufe, c'eft la jufte
pondération des chofes fpirituelles & des chofes
temporelles; c'eft la loi intime des devoirs dou-
blant la loi extérieure des intérêts; c'eft enfin
l'ordre du monde préfent, préludant, fous l'œil de
Dieu, aux merveilles du monde futur.

La Théocratie (un feul cas excepté, qui même
n'a pas duré & n'a point à fe reproduire), la
Théocratie, avons-nous déjà dit, n'eft pas de ce
monde : l'homme ne faurait, fans danger pour
fes femblables, légiférer & gouverner directement
au nom de Dieu.

L'Anthropocratie n'eft pas plus admiffible :

10

l'homme, nous l'avons dit plus haut, ne peu davantage légiférer & gouverner au nom de l'homme feul.

L'Églife donc a diftingué ces chofes, avant elle confondues fans raifon, en réduifant à l'ordre fpirituel la première, à l'ordre temporel la feconde, & en faifant bénéficier celle-ci de toutes les puiffances fecrètes de celle-là.

C'eft la grande gloire de l'Églife, & le plus grand fervice, trop peu aperçu, qu'elle ait rendu à la fociété civile. Elle, qu'on accufe de domination, a affranchi l'État du joug toujours tyrannique des religions fauffes, l'a rétabli dans fa légitime indépendance ; &, en échange de ce fignalé bienfait, elle ne lui demande que de refpeéter fa propre liberté à elle-même, s'il dédaigne, comme de nos jours, d'ufer de fon puiffant auxiliaire.

Car, on l'oublie trop, l'Églife n'a pas fouci des chofes du Temps; ou, fi elle s'en préoccupe, ce n'eft que comme d'un moyen pour atteindre aux chofes de l'Éternité.

Que fi, aux époques de fociétés naiffantes & peu éclairées, elle a pu, fe prêtant à leurs défirs, mettre avec elles en commun fes lumières & fon action conftituantes, il ferait facile d'établir que cette intervention tout accidentelle a été une phafe heureufe dans la vie de ces fociétés; & que, lorfque l'État s'eft fenti affez fort, l'Églife a clos cette phafe fans peine & fans regrets, comme on abandonne à fon énergie & à fa raifon propres l'enfant devenu grand & entré en pleine poffeffion de fa perfonnalité.

Mais ceci appartient à ce vafte domaine de l'Hiftoire fur lequel nous avons promis de ne pas mettre le pied, pour ne point paffionner la queftion & compromettre, par une application infuffifante, la folidité de la doctrine que nous venons d'expofer. La Théorie eft un phare qui doit fe borner à montrer les écueils & le port. A chacun enfuite de naviguer à fa clarté, pour éviter fûrement les uns & furgir à l'autre.

—

Des Garanties sociales.

L'État social entre des êtres raisonnables & libres ne se peut évidemment concevoir si la raison n'y est entendue & la liberté respectée. Or, la raison peut, par les écarts de la liberté, y descendre jusqu'à la déraison ; & la liberté, par ceux de la raison, jusqu'à la licence. Gouvernants & gouvernés, chefs & peuples peuvent se pervertir le sens moral & l'esprit social à tel point que, leurs devoirs & leurs droits réciproques étant faussés ou méconnus, les rapports sociaux ne soient plus qu'un duel lamentable & sans fin entre le despotisme & l'anarchie.

Ce n'est donc pas tout pour la constitution d'une société que d'y avoir, à l'aide de la science & du gouvernement, établi l'ordre ; à l'aide de l'art & de l'induſtrie, poſé les légitimes confins de la propriété ; à l'aide enfin de la religion & du ſervice, inauguré le principe fécond du ſacrifice dans le dévoûment. Il faut encore que l'intelligence de tous ſoit formée au reſpect affectueux des perſonnes autant qu'à la critique ſincère des choſes ; il faut que l'inſtruction, par conſéquent, y ſoit largement diſpenſée & la diſcuſſion loyalement permiſe, de telle ſorte que chacun connaiſſe ſes devoirs & ſes droits, & ſache accomplir les uns auſſi bien que défendre les autres.

Inſtruction & diſcuſſion : telle doit donc être la double & ſolide garantie d'une ſociété raiſonnable & libre. *Enſeignement & Tribune ou Preſſe,* c'eſt-à-dire parole parlée ou écrite : tels ſont donc les deux moyens de les réaliſer : car la force ne peut rien de durable à elle ſeule, & n'a d'efficacité perſiſtante que lorſqu'elle s'appuie ſur la raiſon & qu'elle ſauvegarde ſes juſtes droits.

§ I. — *Enſeignement.*

Il faut connaître la loi pour s'y ſoumettre, ſon devoir pour l'accomplir. Or, l'homme naît

ignorant comme il naît faible; &, de même que
fon corps eft alimenté, de même fon efprit &
fon âme doivent être enfeignés, l'être relatif devant néceffairement recevoir d'autres êtres,
femblables à lui, mais à lui fupérieurs, les éléments corporels & intellectuels qui lui font indifpenfables pour fa confervation & fon développement.

Quels feront ces êtres dévoués & providentiels ? Qui viendra ainfi en aide, par devoir autant que par bonté, à la faibleffe & à l'ignorance
de l'homme ? Quelles mains amies cultiveront
cette frêle plante pour qu'elle s'orne des belles
fleurs de la penfée & fe charge des fruits favou-
reux de la vertu ?... Pour qui s'arrête aux apparences les plus proches & ne confulte que le
bon fens & la nature, ces mains amies, ces êtres
dévoués & providentiels, c'eft le père & la
mère, dont l'enfant eft en quelque forte l'amour
perfonnifié & comme la vie vivante : la mère,
qui le nourrit d'abord de fa propre fubftance;
le père, qui pourvoit plus tard à fes befoins
plus larges par les reffources de fon travail ou de
fa fortune ; tous les deux, qui s'efforcent à l'envi

de lui former l'efprit & l'âme à l'uniffon du corps, jufqu'au jour où ils devront lui donner des maîtres fupérieurs, pour compléter fon inftruction, le diriger dans la carrière par lui choifie fur leurs confeils, & en faire ainfi un homme d'abord, un citoyen enfuite &, par deffus tout, un chrétien.

Telle eft l'évolution de l'enfeignement, du bon enfeignement dans l'ordre purement domeftique. Evidemment, dans cet ordre, l'enfant relève naturellement du père & de la mère, & fa formation intellectuelle, morale & religieufe fuit la même loi que fa formation corporelle : loi dont l'amour eft le principe, & qui trouve fa raifon intime & profonde dans la propriété de l'être & la folidarité des races. Ceux qui, de par Dieu & la nature, ont le droit de dire : *mon* enfant, ont inconteftablement, par là même, le droit autant que le devoir de pourvoir cet enfant de toutes les richeffes de la vie intellectuelle & morale, ou du moins de choifir ceux qui auront l'honneur de compléter en lui cette vie fupérieure.

Ce droit domeftique eft premier : il réfulte des

exigences mêmes de la nature organique ; il découle de la source des plus légitimes sentiments ; & tous les peuples sages en ont fait l'assise inébranlable de leurs institutions politiques. « L'au- « torité des pères sur leurs enfants, dit le grec « Aristote lui-même, est une espèce de *royauté ;* « tous les titres s'y rencontrent : celui de la gé- « nération, celui de l'autorité affectueuse & ce- « lui de l'âge. » Serait-ce pour cela que les républicains de nos jours suppriment si brutalement le droit du père ?

Néanmoins, la famille n'est que la société naturelle & élémentaire ; elle est comme l'atome originel & générateur de cette société plus artificielle & plus complexe qu'on nomme la patrie, de même que toutes les familles & toutes les patries se réunissent sans se confondre dans cette immense société des âmes qu'on nomme l'Église. Or, comme chacune de ces deux sociétés, avonsnous dit plus haut, a aussi son autorité distincte, il en résulte que l'autorité du père, en ce qui touche aux intérêts de la chose publique relève de l'autorité nationale, & de l'autorité religieuse en ce qui touche à l'intérêt de l'âme.

Il y a, je le fais, des théoriciens très tranchants qui n'admettent qu'une autorité, celle de l'État, de laquelle tout doit relever. Mais il eft au moins fingulier que ce foient les foi-difant promoteurs des idées libérales & progreffives qui patronnent cette idée, & que ces fiers penfeurs ne s'aperçoivent pas de tout ce que cette belle théorie renferme d'abfolutifme, puifqu'elle eft la négation des droits facrés du père & de la liberté non moins facrée des âmes. Mais que ne font-ils point difpofés à admettre dans l'ordre politique en haine de l'ordre religieux? On ne doit donc point difcuter férieufement une telle prétention : pour un efprit droit & qui refpecte les faits immémoriaux & univerfels du genre humain, la doctrine des trois autorités domeftique, politique & religieufe, fympathiques & raifonnablement coordonnées, peut feule réfoudre le grand problème focial de l'ordre dans la liberté.

L'enfeignement de l'enfant doit donc être le produit de l'action collective & concordante de ces trois autorités, fans lefquelles il n'y a pas de fociété complète ; car il importe au bien public fainement entendu, à la vérité fagement difpenfée, de laiffer à ces trois autorités leurs droits refpectifs.

Sans doute, des antagonifmes font à redouter entre elles : l'efprit de famille rifque d'être en oppofition avec l'efprit national, & l'efprit national avec l'efprit religieux ; le particularifme de race, la raifon d'État & la liberté des âmes en préfence peuvent fe faire obftacle, fe froiffer, fe tyrannifer même réciproquement. Mais, s'il eft inconteftable que la vérité eft une, & que le bien de la Famille, de l'État & de l'Églife ne peut s'opérer que par fon refpect, fon culte & fa pratique dévouée, il faudra bien à la fin qu'elle y réalife l'accord défiré, & que chacune de ces trois autorités refte maîtreffe dans fa fphère loyalement déterminée.

Lorfque cet accord exifte, lorfque la même foi politique & religieufe règne dans les âmes, rien n'eft plus fimple à réfoudre que cette grave queftion de l'enfeignement : écoles, maîtres, programme d'études, tout en un mot réunit l'affentiment implicite de tous, & il n'y a plus qu'à faire réfolûment la guerre à l'ignorance, à forcer la pareffe dans fes derniers retranchements. Il n'y a pas alors à fe préoccuper jaloufement des droits refpeétifs de chacune des trois autorités ; toutes devront concourir à l'œuvre commune dans la mefure feule du bien focial : le père, par fon zèle affeétueux ou fon choix intelligent & d'ordinaire illuminé par l'amour ; l'État, par fes prefcriptions raifonnablement coercitives, au regard du petit nombre de pères oublieux de ce grand devoir, & encore par fon aide pécuniaire ; l'Églife, par fes exhortations preffantes & fes févères exigences pour l'admiffion aux participations facramentelles.

Auffi, bien que l'étude, l'application, le fuccès foient chofes qui, de leur nature, échappent à la contrainte, bien que l'élève puiffe fe roidir en face des févérités réglementaires, il eft évident, néanmoins, que cet enfemble de volontés maîtreffes tendant au même but ne peut manquer de faire germer la bonne fcience & la vertu, fa néceffaire conféquence, dans les natures les plus rebelles & les plus ingrates. Il importe moins alors que l'inftituteur foit laïque ou religieux ; tous, récitant le même *Credo,* s'agenouillant au même autel, offrent, en effet, les mêmes garanties, parce qu'ils puifent aux mêmes fources cette vérité pleine & première de la foi, qui pénètre toute fcience de fa lumière & de fa fécondité.

Mais lors, au contraire, que les âmes ont divergé, que les *Credo* font divers, que l'affirmation & la négation religieufes font en préfence, il n'y a plus moyen évidemment de réunir les droits des trois autorités dans un commun effort; il faut, à l'inverfe, foigneufement & ftrictement les diftinguer, pour donner à chacune de ces trois autorités la part d'initiative qui lui compète en cet acte civilifateur :

A l'autorité paternelle, qui eft effentiellement première & qui a évidemment pour elle la meilleure des conditions, comme dit le vieux droit romain, la poffeffion, la poffeffion de l'enfant, à cette autorité naturelle & néceffaire du foyer domeftique, appartient de rigueur l'action; & cette action devra être d'autant plus refpectée que la liberté des confciences y eft en jeu;

A l'autorité nationale, dont la miffion eft de fauvegarder tous les droits & non de les abforber, à cette autorité fupérieure & bienveillante le devoir de protéger & d'aider le père dans l'exercice de fes droits & l'accompliffement de fes devoirs ;

Enfin, à l'autorité religieufe, qui doit fournir à la fcience cet arome précieux fans lequel, felon Bacon, elle rifque de fe corrompre, & par conféquent de corrompre, à cette autorité fainte & de miffion furnaturelle, le droit de confeil, d'exhortation aux pères & aux enfants, & de contrôle des doctrines au point de vue de leur valeur morale, dans l'intérêt de ceux qui tiennent au bienfait de cette lumière.

Je fais bien qu'il y a des gens pour qui, hélas ! l'idée religieufe n'exifte pas. Pour ces efprits enténébrés & dédaigneux de toute croyance pofitive, il n'y a d'autre autorité que leur arbitraire fophiftique ou brutal : il eft tout fimple à leurs yeux de créer des écoles dépourvues de toute inftruction de cet ordre, & de pouffer vers leurs portes, feules ouvertes, le pauvre troupeau enfantin, dont ils entendent faire ainfi des citoyens affranchis de tout préjugé. Cela fe voit & fe fait même, ô pitié ! au nom de la liberté de confcience.

La liberté de confcience de l'enfant! Comprend-on bien tout ce que ce fophifme a, qu'on me paffe le mot, de ridicule? Eh quoi! eft-ce donc l'enfant qui a l'initiative? Pourrait-il l'exercer déjà? A-t-il ce libre arbitre plein & éclairé qui permet le choix? N'eft-il pas, au contraire, fimplement un pauvre petit ignorant, pour lequel il faut, de toute rigueur, qu'on veuille & choififfe? Ne voit-on donc pas alors que ce n'eft point une liberté de confcience fauvegardée dans l'enfant, mais bien, au contraire, violée, outrageufement violée dans le père; qu'en d'autres termes, c'eft une fubftitution d'influence, c'eft l'effacement du père par le magiftrat, que dis-je? par le magifter? En vérité, on ne devrait pas offenfer ainfi le bon fens, quand on parle au nom de la raifon & qu'il s'agit des droits les plus radicaux de la liberté intellectuelle, morale & religieufe.

Dans l'ordre des trois autorités reconnues, au contraire, tout eft fimple autant que loyal : aucune preffion n'eft exercée fur les efprits & furtout fur les âmes; au fein de cette fociété divifée de croyances, mais en poffeffion de la liberté de

penfer la plus large, le vœu des pères eft écouté
refpeétueufement; le droit de libre enfeignement eft fcrupuleufement refpeété; l'État ne favorife rien officiellement par voie de contrainte;
il fauvegarde l'aétion intime de l'Églife; il s'abftient de fubventionner privativement : car cet
agiffement entraverait la libre concurrence des
doétrines, des méthodes & des inftitutions : car
une telle difpofition des deniers publics ferait
plus qu'un coupable détournement de l'impôt,
que le contribuable ne paie qu'à la condition
d'avoir fauve fa liberté phyfique & morale; ce
ferait une véritable agreffion contre ce citoyen à
l'aide d'une arme fournie par lui contre lui-même.

Dans cet ordre donc, l'enfeignement ne faurait être ni exclufivement laïque, ni abfolument
gratuit, ni officiellement & direétement obligatoire. Nous l'allons démontrer fans peine.

Trois courtes obfervations fur ces trois points
capitaux, que les promoteurs de l'enfeignement
foi-difant libéral, & vraiment révolutionnaire, ont
affez habilement, mais affez contradiétoirement à
leurs principes, adopté pour leur programme.

On le veut laïque d'abord. Et pourquoi ? Dans une société fans religion d'État, fans croyance officielle, il n'y a, il ne faurait y avoir ni laïques, ni congréganiftes ; il n'y a que des citoyens ayant tous les mêmes droits & les mêmes devoirs à l'endroit de l'enfant. Que tous les inftituteurs juftifient de conditions réglementaires, raifonnablement fixées & équitablement vérifiées, d'accord ; mais qu'on ait le droit de regarder à leurs habits ou à leur croyance, furtout s'ils profeffent l'un des cultes reconnus par l'État, c'eft là vraiment de l'inquifition la plus caractérifée.

Eh quoi ! des gens qui fe difent libres-penfeurs & qui fe font inquifiteurs ! Oh ! l'admirable logique & l'incomparable conféquence !... On n'en ferait pas moins pour ceux qui profefferaient des doctrines manifeftement immorales & perverfes ; & encore faudrait-il que la juftice eût frappé comme telles ces doctrines par un jugement formulé !

Armé de fon diplôme, plus ou moins chargé de fa fcience & orné de fes vertus, l'inftituteur, quel qu'il foit, entre dans la lice. A lui de commander la confiance, d'attirer les familles & de lutter de généreux efforts avec tous ceux qui affument, comme lui, l'humble mais fublime miffion d'enfanter à nouveau l'enfant à la vie de l'efprit & de l'âme.

Si nous traitions la queftion en fait, il nous ferait facile de prouver à qui, entre tous les inftituteurs, revient la fupériorité, une fupériorité inconteftable à tous les points de vue. Les ftatiftiques officielles font de meilleurs documents que les déclamations ou les calomnies de la haine. Mais il ne s'agit ici que du droit. Au furplus, en cas de prévarication & d'indignité de l'inftituteur, n'y a-t-il pas toujours des juges, même ailleurs qu'à Berlin ?

On veut, en fecond lieu, cet enfeignement gratuit. Et pourquoi encore ?... La gratuité n'eft pas même compréhenfible au point de vue de l'État, conftitué le feul magifter de l'enfance; car, bien que, dans le fyftème propofé, l'État foit cenfé devoir l'inftruction à tous, il eft manifeftement contraire au bon fens de la donner gratuitement à celui qui peut la payer. Mais dans notre ordre d'idées, ce prétendu principe eft encore bien moins acceptable. C'eſt, en effet, alors le père qui doit l'inſtruction à ſon enfant, & non l'État ; & l'État n'y ſaurait intervenir qu'à ſon défaut, pour ajouter à ſes reſſources ou y ſuppléer lorſqu'il en eſt dénué. Du reſte, l'homme ne priſant que ce qu'il paie, c'eſt-à-dire ce à quoi il eſt obligé de mettre ſon prix, il arriverait le plus ſouvent qu'il eſtimerait & rechercherait peu une inſtruction qui ne lui coûterait rien. Mais qui ne voit que cette gratuité affectée n'eſt qu'une invention machiavélique pour colorer une faveur réſervée à l'enſeignement officiel ſalarié, &, par conſéquent, une défaveur infligée à l'enſeignement libre ?

Convient-il, d'ailleurs, de diſtribuer diſpendieuſement aux riches le pain de l'eſprit, quand la ſociété a déjà tant de peine à rompre le pain du corps à tous ceux que d'irrémédiables maux plongent ou maintiennent dans l'indigence ? Ces millions, ainſi gaſpillés ſans raiſon & ſans profit, au nom d'une égalité dériſoire, ne ſeront-ils pas mieux employés à ſoulager des miſères réelles ; & la charité ſociale ne doit-elle pas paſſer avant d'injuſtifiables théories ? Que la famille riche paie avec ſon or ce qui eſt précieux au-deſſus de l'or ;

& que la famille pauvre reçoive cette même fcience comme un bienfait focial : voilà le vrai dégagé des rêveries démocratiques ; voilà le programme d'enfeignement d'une fociété raifonnable autant que jufte.

On le veut enfin obligatoire. Nous difons encore : Pourquoi ? Non point que nous ne fachions que l'homme a befoin d'être preffé, contraint fouvent pour fon propre bien ; mais, ainfi que nous l'avons dit plus haut, il nous femble que les chofes de l'efprit échappent à cette règle, qu'elles s'impofent moins qu'elles ne fe propofent, qu'elles s'infpirent plus qu'elles ne fe commandent. Que fi l'on prétendait néanmoins les régir à la façon des fimples actions phyfiques, il importerait avant tout que la liberté fût entière ; en d'autres termes, qu'aucune école officielle ne fût impofée aux familles, & par conféquent qu'aucune faveur budgétaire ne rendît la concurrence des écoles libres impoffible ; car ce ferait un malheur, pire peut-être que l'ignorance, que l'inftruction publique pût, en des temps de violence & d'impiété, être un feul inftant à la merci de ces méchants ineptes, que le caprice aveugle des multitudes fait parfois misérablement monter au pouvoir suprême.

Il eſt, du reſte, des moyens meilleurs que la coercition, toujours un peu ridicule & probablement aſſez impuiſſante en pareille matière, moyens qui rentrent inconteſtablement, ceux-là, dans les droits les plus légitimes de la puiſſance civile & de l'autorité religieuſe. Qu'en cela même l'État ſache imiter l'Égliſe, qui, ſans s'embarraſſer dans les ſyſtèmes comme l'enſeignement officiel, a trouvé depuis longtemps le ſeul moyen efficace d'impoſer l'obligation de l'inſtruction religieuſe & morale. Elle ne contraint pas, mais elle exige. Nul ne peut être admis à la participation de ſes grands myſtères, s'il n'eſt inſtruit de la ſcience de la religion ; & cette ſcience implique même aſſez ordinairement l'autre.

Qu'à cet exemple l'État formule auſſi ſes exigences à l'endroit de la ſcience uſuelle & de ſes moyens extérieurs, en décrétant : que nul ne pourra prétendre à l'honneur de l'électorat s'il ne ſait écrire ſon bulletin de vote en préſence du bureau ; que nul ne pourra exercer une fonction publique quelconque s'il ne peut juſtifier d'une inſtruction élémentaire déterminée; que tout père de famille qui ſera convaincu d'avoir négligé ſon devoir, à l'égard de l'inſtruction, au préjudice de ſes enfants, verra ſes devoirs d'impôt ou de travail aggravés, ſes droits d'électeur ou d'éligible ſupprimés, ſes prétentions à toute fonction publique repouſſées, etc., etc.

En ces termes, mais encore une fois dans la ſphère d'une liberté ſérieuſement reſpectée & garantie, il ferait poſſible de donner une heureuſe impulſion à l'inſtruction du peuple, & par conſéquent de lui mettre en main le plus puiſſant inſtrument du travail & du progrès.

Il ferait puéril néanmoins de croire avoir tout fait pour le développement & le perfectionnement des générations après les avoir inſtruites & furtout miſes en poſſeſſion de s'inſtruire encore par la lecture, l'écriture & les notions élémentaires du ſavoir. Sans doute l'ignorance eſt une cauſe d'impuiſſance, d'indifférence & même de chute dans la voie du bien. Mais croit-on que le ſavoir ſeul ſoit lumière & préſervation? N'y a-t-il pas la mauvaife comme la bonne fcience ? & fi l'illettré ne peut lire l'Évangile, celui qui fait lire ne peut-il pas fe pervertir par l'habitude d'impies ou immondes lectures ? Pour faire un citoyen vraiment éclairé, ce n'eft point l'efprit feul qu'il faut former, c'eft le cœur, c'eft l'âme ; c'eft la confcience de l'âme ! Les connaiffances profanes feules n'y peuvent fuffire ; il y faut ces fermes & pures croyances, qui donnent à la juftice fa fanction, à la vertu fon but infini.

Ceci eft clair de foi & ne veut pas de longs difcours ; c'eft démontré, de plus, invinciblement par les ftatiftiques officielles. Selon ces conftatations mathématiques, rigoureufes comme des chiffres, ce ne font point les régions les plus avancées pour l'inftruction qui font le plus avancées pour la morale : elles font, hélas! trop fouvent, au contraire, les plus corrompues. La ville de Paris & les attentats facriléges de fa Commune n'en font-ils pas, du refte, une épouvantable démonftration ? C'eft que, quels que foient fa valeur & fon prix, la fcience fans religion ne vaut pas la religion, même fans fcience ; car la religion eft la fcience propre de la vie, c'eft-à-dire la règle de la volonté, le frein des paffions, la lumière certaine de l'intelligence dans la voie auftère du devoir, la raifon d'être de la vertu & de fes éternelles vifées.

Il n'appartient de contefter ces chofes qu'à ceux qui confondent la fcience avec fes inftruments. Savoir lire & écrire, c'eft bien quelque chofe, mais ce n'eft point tout; il faut encore la bonne volonté de fe fervir utilement de la lecture & de l'écriture. Que dirait-on de ceux qui, s'applaudiffant de l'invention de la locomotive comme inftrument de progrès, voudraient, qu'on me permette cette comparaifon vulgaire, s'en fervir fans préalablement la munir de cette fubftance onctueufe, qui facilite les frottements des organes & prévient leurs échauffements, leurs grippements & les cataftrophes qui s'enfuivent? N'eft-ce point là l'humble mais faififfant fymbole de l'action de la religion fur les inftruments de la fcience? Sans elle, fans cette onction, fans cette grâce pénétrante, ces inftruments crient, grincent & menacent de lancer hors de la voie droite du bien celui qui les emploie; avec elle, au contraire, tout s'affouplit, tout s'accélère, tout

va fuavement & fortement au but utile & moral, que l'homme doit fe propofer d'atteindre en
s'inftruifant.

Concluons de tout ce qui précède :

Que ce n'eft pas trop du triple concours du
père, du magiftrat & du prêtre dans l'œuvre augufte & vraiment facrée de l'éducation de l'enfant;

Que l'enfeignement fcientifique n'eft pas tout;
que l'éducation morale & religieufe doit le précéder, l'accompagner & le fuivre, parce que, fi le
premier inftruit l'enfant, la feconde feule *l'élève*
dans toute la fignification de cette expreffion admirable;

Que, par conféquent, pour préparer & façon-
ner l'homme au rôle viril du citoyen, pour qu'il
foit éclairé fur fes devoirs, il ne fuffit pas de le
pouffer à la maifon d'école & de lui donner machi-
nalement les inftruments du favoir; il faut encore,
il faut furtout le pouffer vers cette maifon fainte,
où il retrouvera toutes les tendreffes maternelles
du foyer, où on lui infpirera de bonne heure la
crainte de Dieu & fon amour, & l'amour des

hommes en Lui ; où on lui infpirera, avec toute l'autorité d'un exemple divin & tout l'efficace des divins facrements, la vertu éminemment fociale du dévouement & du facrifice.

Et cette maifon fainte, c'eft l'Églife.

§ II. — *Parole parlée ou écrite.*

L'homme, ainfi élevé au niveau commun de la vie intellectuelle par l'enfeignement & préparé à la vie fociale par la vie de famille, fe trouve dès lors apte à prendre utilement fa place dans la fociété nationale à titre de citoyen, comme il l'a déjà dans la fociété fpirituelle à titre d'âme. Il va grandir & fe développer dans ces deux milieux bienfaifants : il y pourra même participer à leur double miniftère. Mais ce n'eft point ce dont il s'agit préfentement ; nous ne parlons que des garanties qui doivent exifter au profit des citoyens comme de la fociété tout entière.

L'enfeignement, & furtout l'éducation, l'ont éclairé fur fes devoirs & fes droits ; la parole, parlée ou écrite, la tribune & la preffe, vont lui fournir le moyen de les prêcher & de les défendre; car l'une & l'autre font à la fois une chaire & une barre : une chaire, du haut de laquelle chaque citoyen peut faire tomber la femence du verbe humain dans toute confcience; une barre, à l'abri de laquelle il peut combattre pour le bon droit & attaquer toutes les injuftices fociales. Il va fans dire que nous ne parlons ici de la tribune que dans l'ordre purement privé, où elle ne conftitue qu'une liberté, & nullement dans l'ordre public & politique dont nous avons parlé ailleurs, où elle conftitue fouvent un rouage important de la machine gouvernementale & la puiffance officielle de l'opinion.

Par l'une & l'autre donc, chacun pourra & devra s'intéreffer à la conftitution du pays, au mouvement des affaires publiques & aux débats parlementaires dont ces chofes peuvent être l'objet; en d'autres termes, difcuter oralement, lire ou foi-même écrire la littérature fociale lorfqu'on s'en croira le talent : tel eft le double moyen de critique, de réforme & de progrès au fein d'une fociété vraiment inftruite & fincèrement amie de la liberté.

Mais, pour que ce double moyen foit férieux,

il faut que cette fociété reconnaiffe préalablement dans une fage mefure le droit de réunion & d'affociation & celui de la preffe. Il faut, en effet, à la tribune un auditoire, comme à la preffe des lecteurs. Néanmoins la réunion accidentelle, l'affociation pour un but déterminé, doivent être fubordonnées à la réunion permanente, à l'affociation générale, qui abforbe tous les citoyens dans la même unité patriotique.

Le droit de réunion & d'affociation eft évidemment un droit primordial, qui dérive de la nature même de l'homme, de cet inftinct de fociabilité qui entraîne les hommes les uns vers les autres, & les incline à tous ces fentiments bienveillants & fympathiques, principe de toute bonne action. Mais il ne faut pas, avons-nous même befoin de le dire? que ce droit attaque & compromette le droit focial qui le prime & le protége; il ne faut pas qu'au lieu de fympathies il affocie les haines; il ne faut pas furtout qu'il fe cache comme celui qui veut faire le mal. Les fociétés fecrètes font une confpiration permanente, c'eft-à-dire une négation continue de l'ordre focial général; c'eft davantage encore, c'eft un virus infinué & entretenu dans le corps focial, jufqu'à ce qu'il éclate au dehors en diffolution & en pourriture. Nous avons, du refte, déjà fignalé ce grave danger dans notre Étude de la conftitution populaire.

La liberté de la preffe eft également un droit inconteftable de la penfée & de la parole.

Elle fe produit fous deux formes : celle du *livre* ou celle du *journal ;* mais c'eft furtout par ce dernier mode qu'elle conftitue la preffe politique, celle dont nous avons plus particulièrement à parler au point de vue fpécial où nous nous fommes placé.

Sans doute le *livre,* plus grave, plus réfléchi furtout, peut auffi s'occuper des chofes de l'État & pefer d'un grand poids dans ces efforts de réformation & de rénovation qui fi fouvent émeuvent & foulèvent les peuples. Mais, inabordable au grand nombre par fon étendue, fa forme & fon prix, il eft loin d'avoir, en cet ordre, l'importance du *journal,* fi vif, fi alerte, fi paffionné, fi fubitement coordonné avec toutes les ardeurs

& toutes les antipathies du peuple, enfin fi fort en rapport avec l'ordinaire exiguïté de fes ref- fources.

Le journal eft donc bien la tribune fans ceffe retentiffante, l'écho fpontané des afpirations, des craintes, des faveurs, des févérités & même des emportements populaires; en un mot, la fenti- nelle avancée de tous les droits & de toutes les libertés, comme l'organe poffible de toutes les licences de la penfée.

Il eft raifonnable, il eft jufte, avons-nous dit, que l'efprit de difcuffion ait fes droits; il faut, en d'autres termes, que toute mefure gouvernemen- tale relève de l'opinion, que cette opinion foit éclairée en tous fens par la preffe, afin que tout abus, tout grief, toute injuftice, étant portés à ce tribunal pacifique, ne le foient jamais au tribunal inintelligent & brutal de l'émeute.

Mais eft-ce à dire pour cela qu'il faille donner à ce droit de la preffe une latitude telle qu'on doive lui livrer fans prudence & le gouvernement, & les citoyens, & toutes les chofes grandes & faintes qui compofent le patrimoine intellectuel & fpirituel des peuples, & la paix publique elle-même, que les excès de la preſſe compromettent parfois ſi cruellement ?

Que dans les temps de criſe révolutionnaire, alors que tout eſt renverſé, que tout eſt à reprendre par la baſe, la preſſe puiſſe & doive débattre toutes les queſtions de reconſtitution & de réorganiſation d'un peuple, cela ſe conçoit ; à la condition pourtant qu'elle reſpecte toujours ces lois ſacrées de la juſtice, de l'honneur & du devoir, qui ont leur racine mère dans les ſaintes croyances. Il faut bien alors que, dans ce chaos préliminaire d'un ordre nouveau, toutes les idées, tous les ſyſtèmes aient droit de cité proviſoire, & ſe heurtent avec des prétentions excluſives, aux périls & riſques d'une ſociété auſſi bouleverſée. C'eſt la dure néceſſité d'une telle circonſtance ; & il n'y a plus, en fin de compte, que le bon ſens du peuple qui puiſſe terminer le débat, en impoſant à tous les partis ſa préférence ſouveraine & le reſpect de ſon choix librement manifeſté.

Mais que, lorſqu'un pays eſt paiſiblement aſſis dans ſes traditions, qu'il a l'ineſtimable avantage

de poſſéder un gouvernement inconteſté & ſuffi-
ſamment ſage, on accorde au premier folliculaire
venu le droit impudent d'ébranler ces colonnes
de l'ordre en faiſant appel aux paſſions les plus
antiſociales, habilement formulées en prétentions
réformiſtes, cela ne ſe concevrait que d'un peuple
aveuglé par la proſpérité, corrompu par le bien-
être, & livré ainſi par la Providence outragée à
l'expiation la plus humiliante, celle d'un peuple
qu'elle charge lui-même de ſa punition.

Nous le diſons donc dès l'abord, entendue
ainſi, la liberté de la Preſſe ſerait une doctrine
d'anarchie & de ruine, ſerait ſurtout un non ſens
métaphyſique.

Revenons ſur cette idée déjà par nous indiquée
dans nos précédentes Études. Elle vaudrait certes
la peine d'être longuement expoſée ; cependant
quelques lignes de l'abſtraction la plus ſimple y
ſuffiront.

La liberté en ſoi n'eſt, ſi l'on y veut bien réfléchir, que la détermination idéale & matérielle des
êtres, de leurs puiſſances & de leurs relations,
leur ſphère d'activité &, par conſéquent, leur

limite réciproque. Or, que cette limite foit réciproquement pénétrable dans l'ordre fpirituel, c'eft inconteftable (& cela même explique la coexiftence des êtres finis avec & au fein de l'Être infini), puifqu'à l'inverfe des corps, les efprits font effentiellement pénétrables entre eux. Que cette limite, au contraire, dans l'ordre matériel ou mixte, foit réciproquement impénétrable, cela eft un axiôme de phyfique, & c'eft auffi un axiôme focial pour quiconque a le moindre fentiment de la dignité de fon être & du refpect du droit d'autrui.

Mais que, dans tous les cas, ce qui eft de fa nature une limite puiffe être illimité; c'eft ce que les lois mêmes les plus élémentaires du langage interdifent de concéder, à peine de déraifon.

Je fais bien que les doctrinaires de cet ordre prétendent plaifamment que les méfaits de la preffe feront toujours fuffifamment neutralifés & réprimés par le mépris & le blâme des honnêtes gens. C'eft à peu près comme fi l'on s'en remettait à la pluie du foin d'éteindre les incendies, & à l'énergie de conftitution de chaque citoyen de réfifter à l'action des poifons laiffés à la libre dif-poſition des empoiſonneurs. Eſt-il beſoin de dire que la ſécurité ſociale veut des garanties un peu plus ſérieuſes?

Si donc il eſt juſte qu'on ait le droit de ſignaler les abus qui déshonorent parfois les magiſtratures civiques, de provoquer les réformes que réclame la logique des faits & des idées, de proteſter au nom du droit en faveur des intérêts léſés ou méconnus, il n'en eſt pas moins de l'intérêt public bien entendu, — eu égard, hélas! à cette paſſion de contradiction qui eſt le faible de l'eſprit humain en général & de l'eſprit français en particulier, — de mettre à l'exercice de ce droit certaines conditions préalables d'abord, & d'oppoſer enſuite à ſes excès l'inexpugnable rempart de lois ſagement mais énergiquement répreſſives.

Et cependant une idée contraire ſemble prévaloir dans l'opinion ſinon dans la loi, à ſavoir : que les délits de preſſe, quelles que ſoient leurs conſéquences, ſont d'un ordre à part, délits, ſembleraient-ils, diſtingués, ſupérieurs, délits de gentleman, à ne pas confondre avec les délits de la tourbe inſurrectionnelle, qui ſe commettent dans

la rue par la force brutale, font couler le fang &
bouleverfent les États.

Singulière idée, en vérité ! & affez oppofée à
toutes les notions jufqu'ici admifes fur la complicité & la refponfabilité morale & matérielle ! Eh
quoi ! un polémifte en délire aura foufflé ardemment fur le feu des pires paffions, prêché la révolte à feuille ouverte, pouffé au pillage & à l'af-
faffinat ; il eût effrontément profité de tous ces
crimes en cas de fuccès ; &, au cas contraire,
pour fe fouftraire aux juftes févérités de la loi, il
lui fuffira de montrer fes mains matériellement
nettes du fang de fes concitoyens & de prétendre
cavalièrement n'avoir commis... qu'un délit de
preffe !

Qu'un délit de preffe, rien que cela !... Mais
fait-on bien ce que c'eft qu'un délit de preffe ?...
C'eft le délit le plus facile à commettre, le plus
commode, le plus avantageux, &, par conféquent, le plus lâche ; c'eft le plus fubverfif & le
plus criminel, &, par conféquent, le plus punif-
fable : le plus facile & le plus commode, car il fe
commet d'ordinaire à l'abri des dangers de l'é-
meute & fans grande dépenfe de temps, d'efforts

& même de talent; le plus avantageux, car d'ordinaire auffi, nous venons de le dire, ce font ces agitateurs du peuple qui en deviennent les maîtres & les arbitres; le plus fubverfif & le plus criminel enfin, car, avant de faire mouvoir les bras pour le meurtre ou le vol, il pénètre dans le cœur qu'il pervertit par l'intelligence qu'il enténèbre.

C'eft donc avec pleine raifon que l'article 1er de la mémorable loi de 1819 proclame le principe de la complicité en matière de preffe, tout en l'atténuant, il eft vrai, peut-être un peu trop à notre fens, au cas où les excitations ou provocations n'ont pas été fuivies d'effet. Faut-il donc, en effet, attendre que le fang coule pour faifir & frapper la main qui travaille à le faire couler?

Les faibleffes de l'opinion, à cet égard, n'ont pour caufe évidemment que le relâchement des principes & des mœurs par le fait de nos révolutions perpétuelles. Comment refpecter, d'ailleurs, des pouvoirs fi peu refpectables & fi changeants?

Les Locriens, rapporte Bodin dans fa *République,* avaient édicté que tout novateur parût devant le peuple la corde au cou, pour en être étranglé fi fon innovation était repouffée. Si cette loi quelque peu roide était de nos jours & chez nous en vigueur, que de journaliftes feraient… muets, qui affourdiffent & empeftent le peuple de leurs rêves infenfés & coupables ! Que d'utopies décevantes ou menteufes refteraient prudemment enfevelies dans les chétifs cerveaux qui les conçoivent ! Que de peuples feraient préfervés des dangers de leurs expérimentations ridicules ou néfaftes !

Mais, fans en venir à un procédé fi héroïque, & tout en reconnaiffant que nos fociétés chrétiennes ont un befoin de progrès que devaient redouter & comprimer les fociétés antiques, ne faurait-on réprimer cet entraînement irréfléchi aux nouveautés, qui, par fes déceptions trop fréquentes, eft précifément un obftacle radical au véritable progrès des fociétés, & qui, dans fes mobiles fecrets, eft plus fouvent une hypocrifie d'ambition affamée qu'une afpiration généreufe à la perfection de l'état focial ?

On pourrait évidemment conjurer les dangers que fait courir à la patrie l'efprit d'utopie ou d'ambition cupide du journalifme, en exigeant d'abord

certaines garanties intellectuelles, morales & matérielles, de tout homme, de toute affociation
d'hommes s'arrogeant le droit de parler quoti-
diennement & prefque fans frais, au peuple de fes
droits & de fes devoirs fociaux; car, fi la preffe
eft elle-même une garantie fociale contre les abus
du pouvoir fouverain, ce pouvoir n'en pourrait-il
avoir lui-même contre les fiens propres ?

D'ailleurs, fi la preffe eft un véritable apoftolat
politique, & dans le fond cela fe peut-il nier ?
pourquoi ne ferait-elle pas affujettie aux règles &
aux conditions de tout apoftolat ? De celui qui a
pour objet l'inftruction & l'éducation de l'enfance,
n'exige-t-on pas une moralité conftatée & un brevet de capacité fpéciale ? De celui qui s'adreffe
aux âmes n'exige-t-on pas davantage encore; &
l'Églife, qui eft feule en poffeffion du véritable
efprit apoftolique, ne va-t-elle pas jufqu'à exiger
de celui qui prétend l'exercer en fon nom le facrifice des plus légitimes joies de l'être, la pratique
des plus auftères vertus, l'immolation de foi
jufqu'à l'effufion même de fon fang ?

Pourquoi donc ne réclamerait-on pas, au
moins, de celui qui prétend élever un peuple &

gouverner l'opinion, un bon fens, des connaiffances & une moralité en rapport parfait avec la
haute miffion qu'il fe donne ? Pourquoi, lorfqu'un
peuple eft férieufement & légitimement conftitué,
ne ferait-il pas, comme les Locriens,. en défiance
vis-à-vis des réformateurs acharnés ; &, fans leur
faire courir la mâle chance de la corde, n'aurait-
il pas le droit de les prémunir, par des commi-
natoires févères, contre la tentation de troubler le
préfent au bénéfice très problématique de l'avenir ?

Tout gouvernement, définitivement établi, a
le devoir comme le droit d'avifer à fa propre confervation : il ne peut donc fouffrir qu'on le nie
dans fon principe. En ce fens, la Preffe, pas plus
que la réunion ou l'affociation politique, ne peut
introduire cette contradiction légale dans l'État.
De telles négations permanentes font une caufe
certaine de ruine ; car « toute cité divifée en
« elle-même, a dit le Chrift, ne durera pas (1). »

Que ne peut-on conftituer une forte de jury
de l'intelligence & de l'honneur, ftatuant par vote

______

(1) Matth., XII, 25.

motivé mais fecret, fur les demandes des écrivains qui afpirent au rôle de publiciftes, fur leur
notoriété, leur capacité, leur patriotifme ; ayant
charge ainfi de conférer le droit redoutable de
parler au peuple, de l'éclairer & de l'émouvoir
fur tous fes intérêts les plus chers, d'être, en un
mot, fon tribun honnête & défintéreffé ? Si une
auffi belle juridiction pouvait être établie, on ne
verrait plus cette noble profeffion de la preffe politique envahie par tous les déclaffés de la littérature, par ces rêveurs prétentieux qui commencent
par l'exagération des doctrines & finiffent par l'in-
fatuation des fyftèmes, par ces malfaiteurs de la
plume enfin, qui fe donnent la fatanique jouiffance de faire amonceler par leurs dupes affez de
ruines, pour s'en former le digne piédeftal de leur
future grandeur.

Une pareille inftitution relèverait les penfées,
les études, les doctrines de la Preffe à la hauteur
d'une miffion férieufe de paix, d'ordre dans un
fage progrès, & la retiendrait fur la pente de ce
mercantilifme vulgaire qui la transforme en une
marchandife ; quand elle n'en fait pas un poifon,

pour ce pauvre peuple qu'elle abrutit & provoque à tous les excès & à tous les crimes.

Mais encore une fois, il faudrait, pour que ce beau rêve fût poffible, qu'une certaine unité de foi politique & fociale régnât dans l'État ; que le banditifme folliculaire y fût vigoureufement haï & pourchaffé, & que la frénéfie révolutionnaire y fût tenue pour une maladie mentale néceffitant le double traitement du code & du codex ; en d'autres termes, il faudrait que le peuple fût rai-fonnable, que les intelligences compriffent le frein & le bienfait de la règle, que les ambitions fuffent confciencieufes & que les âmes fuffent dévouées. Or, cela ferait l'idéal terreftre de l'éternelle Cité.

Et cet idéal fe réalife peu, hélas!... Dans l'inftabilité miférable de doctrines que caufent & qu'entretiennent nos afpirations fi contradictoires, ferait-il poffible de rédiger une forte de *Credo* commun, qui fût le point de départ accepté de toutes les difcuffions, & en regard duquel toutes les théories fauvages & ridicules qui oferaient fe produire fuffent frappées d'un anathème unanime ? Encore une fois, un tel état eft un chaos, un chaos fans autre créateur que l'humaine liberté, qui s'agite mais que Dieu mène, il eſt vrai, à ſon inſu.

En dehors de l'influence latente de la religion, qui, ſans jamais ſe rebuter, pénètre tout de ſon eſprit de ſacrifice, il n'y a, dans cette phaſe de la reconſtitution d'un peuple, d'autres garanties à exiger que le reſpeƈt de l'ordre matériel, & de certaines vérités primordiales qui font la baſe né-ceſſaire de tout droit & de toute juſtice. Le reſte conſtitue une *alea* formidable, dans laquelle, à coup ſûr, la dernière chance ſera toujours au vrai bien, la vérité ſeule étant permanente ; mais au prix de quels ébranlements, de quelles ruines ? nul ne le ſaurait dire. Et que de nobles vies peut-être feront moiſſonnées dans l'accompliſſement de ce pas laborieux & fatal d'un peuple révolu-tionné, à la recherche de ſa voie de ſalut.

Quoi qu'il en ſoit, nonobſtant la difficulté de préciſer en pareil cas les points d'accord entre l'oppoſition & le gouvernement, ce dernier, s'il eſt fidèle à ſa miſſion intérimaire providentielle, devra s'efforcer de faire transformer en lois par les Conſeils de la nation toutes les meſures de

prudence, qui peuvent lui donner de réelles garanties d'ordre & de jufte répreffion.

La première ferait d'exiger un perfonnel de
journalifme fuffifamment & férieufement refponfable. A ce point de vue, ferait-ce aller trop loin
que de vouloir, au lieu d'un feul homme, fouvent inconnu ou mal famé & affez peu foucieux
des flétriffures de la juftice, un confeil de journal,
compofé d'un certain nombre de citoyens, donnant des gages d'honnêteté & de confidération
relatives, & devant répondre, en une certaine mefure, de tous les délits que pourrait commettre la
publication?

La feconde ferait d'exiger la refponfabilité com-
plémentaire rigoureufe de l'auteur, &, par conféquent, l'obligation de figner tout ce qu'il écrit.
Une loi récente a eu beau l'impofer, la preffe la
viole impunément, au mépris de la raifon autant
que de la puiffance publique. Un auteur doit répondre, en effet, de fon œuvre autant & plus
encore que le père de fon enfant. Oublie-t-on,
d'ailleurs, que depuis de longs fiècles on ne com-

bat plus qu'à vifage découvert, & que le voile de l'anonyme recouvre trop fouvent quelque chofe de moins refpectable que l'aimable modeftie & la fage prudence? Le caractère, la dignité, je dirai même l'honneur de l'écrivain, font donc intéreffés au maintien de cette règle. En vain oppofe-t-on que la fignature a l'inconvénient grave de créer, de fufciter même les célébrités & les popularités dangereufes d'écrivains qui, fans cela, refteraient perdus dans l'ombre d'une rédaction commune anonyme; car elle crée & fufcite auffi, par contre, les célébrités & les popularités de bon aloi, de ces fiers écrivains, dont les courageux efforts excitent, entraînent & relèvent les âmes. C'eft d'ailleurs la néceffité des chofes : dans tout combat les grands coups d'épée de part & d'autre font forcément en faillie, & l'honneur, tel quel, en revient de droit au bras qui les a portés. Ce ferait, du refte, une grande illufion de croire qu'un journal anonyme ne faffe pas plus de mal qu'un journalifte nommé. Rien n'égale, en effet, la puiffance de ces feuilles politiques qui pourraient fe nommer *légion*, feuilles repréfentant, avec toute l'autorité de l'inconnu, cette maffe impofante, qui fe dit l'opinion publique & formule fes arrêts avec toute l'audace irrefponfable du nombre indéfini.

La troifième ferait la refponfabilité non moins étroite de l'imprimeur ; car fa complicité eft entière, abfolue : c'eft par lui, en effet, que le délit fe produit, que dis-je ? il en eft en quelque forte plutôt l'auteur que le complice. La loi de 1819, trop débonnaire à notre fens, le déclare non refponfable, à moins qu'il ne foit prouvé qu'il a agi fciemment. Nous retournerions, nous, la phrafe, & déclarerions ledit imprimeur refponfable, à moins qu'il nous prouvât avoir agi infciemment ; ce ferait plus en harmonie avec les principes de la faine raifon & les exigences de cette refponfabilité morale, impofée à tout être intelligent, qui prête librement fon concours à une œuvre dont il connaît l'efprit & le but. N'eft-il pas évident, en effet, qu'alors il agit fciemment dans le fens du Code pénal pour les délits communs ? Vainement invoque-t-on l'intérêt de l'induftrie, & l'impoffibilité pour l'imprimeur, dans la rapidité d'une publication quotidienne, d'apprécier ce qu'il imprime. Cela jugerait, en vérité, la preffe quotidienne quand elle eft autre chofe qu'une fimple chronique. Nous répondons : L'intérêt de la paix publique prime à cet égard tous les autres. Il ne s'agit point ici d'une affaire commerciale à diriger fructueufement, mais d'un miniftère focial à dignement remplir. Si l'induftrie s'y combine, qu'elle s'y fubordonne; c'eft dans l'ordre. En quoi, d'ailleurs, l'imprimeur aurait-il moins le temps pour lire & juger un article, que l'auteur lui-même pour le concevoir & l'écrire ? Et s'il eft incapable de cette lecture & de ce jugement, que ne va-t-il remuer la glèbe plutôt que les nobles inftruments reproducteurs de la penfée !

La quatrième garantie eft déjà dès longtemps en vigueur, & doit être effentiellement maintenue; c'eft la mefure du cautionnement préalable, rendant poffible l'exécution des condamnations pécuniaires dont le journal peut être frappé. C'eft la feule corde qu'à la façon des Locriens, on puiffe mettre au col des novateurs, pour les maintenir férieufement dans le refpect de la loi & d'eux-mêmes. Tel, dont la confcience facile

ferait bon marché fans remords de la fortune de
fon pays, y regardera à deux fois de rifquer de
faire entamer la fienne propre d'un rouge liard
dans un dangereux démêlé avec la juftice.

Il y a bien encore le refus d'autorifation de
vente fur la voie publique, lorfque les queftions
débattues & le ton du journal font de nature à
échauffer outre mefure les imaginations populaires, & compromettre le bon fens, le travail &
la vie même de fes trop ignorants & trop crédules lecteurs. Bien que préventive & par conféquent peu favorable au point de vue de la ftricte
liberté, cette mefure eft une queftion de police
plus encore que de politique ; car il y va fouvent de la fécurité immédiate de la voie publique
autant que de la fécurité future de l'État. Les
guerres de l'opinion font, d'ailleurs, comme les
guerres navales : on y ufe du brûlot ; toutes les
préoccupations du bon marin en ces deux cas
doivent donc être de l'écarter à tout prix des flancs
du navire.

Quant aux pénalités répreffives à oppofer aux

licences & aux excès de la Preſſe, ſous le bénéfice de certaines réſerves exprimées dans le cours
de cette Étude, nous eſtimons la ſociété ſuffiſam-
ment protégée par l'enſemble de notre légiſlation
ſur la matière. Ce ne ſont point, en effet, les
lois qui manquent, mais bien les juges, des
juges capables de l'appliquer avec intelligence &
fermeté.

Entre un magiſtrat trop autoritaire & ſuſpect
de partialité par ſon inſtitution, & un jury trop
ſouvent inſuffiſant pour les lumières & ſurtout
trop partial en ſens contraire par ſuite du mode
aveugle & aſſez arbitraire de ſon recrutement,
nous aimerions à placer une magiſtrature ſpéciale
pour ce genre de cauſes tout ſpécial auſſi, magiſtrature iſſue de l'élection autant que de la déſignation gouvernementale, compoſée de toutes
les notabilités évidentes des diverſes claſſes & des
profeſſions diverſes, & formant ainſi une vraie
repréſentation de cette opinion publique, ſeul
juge pleinement compétent des excès de l'inſtitution qui a la prétention de la repréſenter.

Ainſi conſtituée, réglée & contenue, la Preſſe

ferait l'admirable complément de l'inftruction d'un peuple libre : débat loyal des intérêts généraux, proteftation raifonnée contre les excès de pouvoir, provocation intelligente des progrès légitimes, initiation populaire à tous les myftères de la fcience fociale, préparation utile des efprits à tous les changements légiflatifs, elle réaliferait ce gouvernement par la raifon feule, qui gagnant, d'autre part, jufqu'aux relations internationales, pourrait faire reftreindre l'ufage de la force aux fimples proportions d'une barrière, contre la folie furieufe des violents de l'extérieur auffi bien que de l'intérieur.

Qu'on ne baptife pas ces vues d'avenir ou ces vœux du nom de rêves d'utopie ! Tout ce qui tend à développer en un peuple le fentiment & l'ufage de la vraie liberté, c'eft-à-dire de la liberté pour tous fous l'empire de fages lois, eft foumis à la loi du perfectionnement & relève par conféquent, non feulement de l'attention active de l'homme d'État, mais encore de la follicitude fpéculative du penfeur. Ne font-ce pas, en effet, ces pratiques libérales qui, tout en refpectant les vérités religieufes, morales & politiques dont doit néceſſairement vivre un peuple, ſont appelées à élever progreſſivement ſon niveau intellectuel & moral à la hauteur de ſa vraie deſtinée terreſtre, juſqu'à ce qu'il atteigne celui de cette ſociété éternelle, où toutes les ſociétés humaines iront s'unifier en Dieu ?

Je viens d'écrire ces trop longues pages ſur la Preſſe ſans même avoir rappelé la comparaiſon claſſique & banale, dont elle eſt l'objet avec cette lance d'Achille, qui guériſſait, dit-on, les bleſſures qu'elle avait faites. Je ne l'ai pas fait pour trois raiſons, que je ſoumets volontiers, en terminant ſur ce point, à mes trop bienveillants lecteurs. La première, c'eſt que bien ſouvent, au lieu d'être une lance, arme noble & chevalereſque qui ne frappe que par devant, elle n'eſt qu'un ſtylet lâche & empoiſonné qui frappe par derrière; la ſeconde, c'eſt qu'en général les armes bleſſent mieux qu'elles ne guériſſent, & qu'il ſerait préférable de ne pas bleſſer que d'avoir à guérir; la troiſième, enfin, c'eſt qu'à ſuppoſer la comparaiſon juſte pour quelques Achilles qui la mettent au ſervice du vrai & du bien, le nombre eſt, hélas!

trop grand de ces Therſites miſérables, qui s'en font le porte-voix bruyant de leurs outrages aux bons citoyens & à toutes les vérités ſociales.

En ſimple & bonne proſe donc, il ſuffira de dire, ſous forme de concluſion : La Preſſe eſt un puiſſant inſtrument de liberté; gardons-nous d'en faire ou laiſſer faire un inſtrument non moins puiſſant d'anarchie.

—

Des véritables Agents de la civilisation.

Cette Étude va porter fur un fujet éminemment philofophique; mais qu'on fe raffure, nous n'entendons pas pour cela nous enfoncer dans des conceptions abftraites, inacceffibles au grand nombre. Outre que nous en fommes, de ce grand nombre, & que nous eftimons la métaphyfique plus à la portée de tous qu'on ne le penfe communément (car on ne peut raifonner & même parler fans en faire à fon infu), nous penfons aborder ce fujet par fon côté le plus fimple & le plus pratique.

Néanmoins ne faut-il pas nous demander d'abord ce que fignifie précifément ce mot fi fouvent employé de *Civilifation* ?

Ce mot vague, à signification trop complexe, n'a pas assurément pour tous le même sens.

Pour les uns, c'est l'expression de l'exclusion du sein de la société de tous ses éléments anciens & surtout chrétiens, qu'on devra remplacer par ce qu'on appelle si vaguement aussi les idées modernes. Comme si la vérité était ancienne ou moderne & non de tous les temps ! comme si le vrai progrès de la civilisation ne consistait même pas à retourner en arrière quand elle a fait fausse route !

Pour les autres, & nous sommes de ceux-ci, la civilisation est l'affirmation de tous les éléments anciens & nouveaux, qui concourent dans une société à lui faire réaliser son perfectionnement continu.

Or, les éléments de progrès d'une société sont de deux sortes, à savoir spirituels & matériels.

Indiquons-les en quelques mots, trop clairs pour réclamer une explication :

Les éléments spirituels sont : une science de plus en plus développée, qui illumine & dirige les intelligences; un art qui forme & élève le goût au niveau des plus pures jouissances du Beau;

une religion, que dis-je ? la feule vraie Religion, qui réchauffe dans les âmes l'indifpenfable fentiment focial de l'amour de Dieu & de l'amour des hommes pour l'amour de Dieu.

Les matériels, ce font : un gouvernement à la fois fage & fort, qui donne l'ordre en fauvegardant la liberté ; une induftrie qui, tout en occupant tous les bras, fatisfaffe à tous les befoins ; un fervice, c'eft-à-dire un corps de fonctionnaires qui fachent fe dévouer autant au peuple qu'à fes chefs.

Et tous ces éléments réunis & agiffant dans une heureufe harmonie, devront par conféquent produire un ordre de plus en plus refpectable, une propriété de plus en plus refpectée, & un fentiment général de facrifice, qui transforme une nation en un vrai peuple de frères, s'aimant & s'entr'aidant de cœur & d'âme fous le regard de Dieu.

Voilà ce que nous entendons par civilifation.

Maintenant entrons dans le vif de notre Étude en nous demandant : quels font les vrais agents de cette civilifation, & en tâchant d'y répondre.

La fcience fociale étudie, nous l'avons vu, la

fociété dans fa raifon d'être, fa forme, fes organes,
fes divers ordres & leurs rapports.

Cette fociété, nous croyons l'avoir démontré,
eft, en réalité, un vafte corps dont toutes les parties, tous les éléments font coordonnés au but
fuprême de l'honneur & du bien-être relatifs de
tous les êtres qui la conftituent : elle eft à la fois
ftable & progreffive, & elle s'avance noblement
de fiècle en fiècle, à l'aide de myftérieux agents,
qui réfument fa puiffance, & qu'il importe de fi-
gnaler à ceux qui recherchent en tout les caufes
& les fins.

Or, de cet immenfe tourbillon, toujours bruyant
& rarement brillant, qu'on nomme un fiècle,
quand la pouffière eft tombée, quand le calme
s'eft fait, que refte-t-il en réfumé, que furvit-il?...
Des lois? Sans doute ce devrait être l'expreffion
même de la fageffe fociale; mais elles font le plus
fouvent méprifées, fauffées, changées. Des mo-
numents? Sans doute auffi les œuvres de l'art font
les plus fidèles & d'ordinaire les plus durables témoins des fiècles qui les ont produits; mais le
temps, ce grand deftructeur, ne les épargne pas
toujours : ils font parfois ravagés, altérés, dé-

truits. Des livres? Sans doute encore, il femble que ce foit la lumière immobilifée des efprits; mais le plus fouvent, hélas! l'oubli les éteint, ou l'humidité poudreufe des bibliothèques les ronge obfcurément.

Que reftera-t-il donc, s'il refte quelque chofe, pour réfumer cet âge évanoui?... Ce qu'il reftera? Quelques noms d'efprits fupérieurs, d'acteurs éminents dans le drame achevé : en deux mots enfin, des grands hommes & des faints; des grands hommes qui ne font pas toujours des faints, des faints qui font bien fouvent des grands hommes. C'eft, en effet, le génie, le talent & le caractère, trop habituellement orgueilleux & égoïftes, qui font les grands hommes, tandis que c'eft la vertu, c'eft-à-dire le renoncement de foi pour l'amour des hommes & de Dieu, qui fait ces hommes décorés par la vénération publique & le fuffrage de l'Églife du nom de faints.

En d'autres termes, toute l'hiftoire humaine & divine fe réduit à deux tomes, hélas! d'affez peu de pages : *le livre d'or* de la notabilité terreftre, & *le livre de vie* de la notabilité célefte,

c’eſt-à-dire la double hiſtoire des agents ſupérieurs de la vie intelligente & ſpirituelle de l’humanité. Tout eſt là vraiment, en réalité. Et voilà
pourquoi les hommes attachent tant d’intérêt au
récit des illuſtres vies. C’eſt, en effet, pour eux
l’hiſtoire de ce qu’il y a de plus grand en ce bas
monde, à ſavoir les eſprits & les âmes! C’eſt
auſſi pourquoi les hommes ſont ſi fort pouſſés,
ſoit par leur conſcience, ſoit par les vrais penſeurs, ſoit par Dieu même, à prendre rang
dans ces deux catégories de l’exiſtence, à inſcrire
leurs noms ſur l’un de ces deux livres de la nobleſſe humaine radicale, & particulièrement ſur
celui, où rayonnent les noms des grands élus.
L’invitation flatteuſe mais preſſante s’adreſſe à
tous :

Dans l’ordre de la célébrité terreſtre, écoutons le chantre de la *Divine Comédie :*

« ... Or, il convient que tu te ſecoues, dit le
« Maître, car en reſtant couché ſur la plume
« & ſous de chaudes couvertures, on n’arrive
« pas à cette gloire, ſans laquelle une vie triſte-
« ment conſumée ne laiſſe pas plus de traces

« que la fumée dans les airs ou l'écume fur les
« eaux (1). »

Dans l'ordre de la célébrité célefte, ou de la
fainteté, écoutons d'abord faint Paul : « Dieu
« nous a choifis pour que nous foyons faints &
« immaculés à fes yeux dans la charité. » Écoutons enfuite le Chrift : « Que fert, nous dit-
« il, à l'homme de gagner tout l'univers, s'il
« perd fon âme ? » Écoutons enfin le Père célefte lui-même : « Soyez faints, nous ordonne-
« t-il, parce que je fuis faint. »

Affurément c'eft une grande chofe que la
gloire ; c'eft même, à notre fens, le feul de tous
les intérêts terreftres, qui vaille de faire enfler les
poitrines généreufes & foupirer les grands cœurs.
Rien en ce monde n'égale en douceur ce bruit
harmonieux, qui charme ceux qui l'écoutent, autant qu'il ravit celui qui en eft l'objet. On com-

---

(1) Homai convienne, che tu cofi ti fpoltre,
    Diffe'l maeftro : che feggendo in piuma,
    In fama non fi vien, ne fotto çoltre :
Sanza la qual chi fua vita confuma,
    Cotal veftigio in terra di fe lafcia,
    Qual fummo in aere, aut in aqua la fchiuma.

(INF., XXIV, 46.)

prend que l'homme donne pour cette belle chofe or, argent, bonheur, la vie même!... Et cependant, à vrai dire, ce n'eft qu'une chimère, chimère, qui nous emporte fouvent, à travers les orages de la terre & du ciel, vers ces régions vides & vaines, où l'homme éperdu d'orgueil s'évanouit dans la ftérile contemplation de foi.

Mais que dire de la fainteté, qui ne s'acquiert que par l'effort, ne fe conferve que par l'auftérité, ne fe complète que par le facrifice?... Eft-elle un bonheur dans le préfent? Eft-elle un fimple intérêt dans l'avenir? Un bonheur? Oui; car elle a pour principe l'amour; & l'amour eft évidemment le fouverain bien. Un intérêt?... Il y a des efprits fubtils qui ont ofé foutenir que la fainteté n'était au fond que cela. Comme fi cet échange d'un bonheur préfent certain contre un bonheur futur incertain était poffible fans le mérite de la foi & de l'amour en Celui & pour Celui qui le promet! Comme fi cette foi & cet amour calculaient! Comme fi Dieu, la générofité fouveraine, pouvait rémunérer des intéreffés qui ne feraient qu'intéreffés!

Sans doute l'être afpire naturellement au bonheur ; c'eſt même la condition eſſentielle de ſa perſonnalité ; mais n'y ſaurait-il aſpirer en grand cœur, en cœur noblement capable de mettre tout ce bonheur dans l'amour même de ſon Dieu ?

Qu'on tienne donc en une ſorte de mépris intellectuel cette miſérable objection, à l'aide de laquelle on a tenté de déprécier l'acte le plus haut, le plus pur de tous, la vertu ! la vertu qui ſe préfère à la vie même, qui s'élève juſqu'à la gloire inconteſtée du martyre ! Rien n'eſt beau, au contraire, comme ces actes d'abnégation dans le dévouement, qui nous rapprochent de la magnificence infinie, & par leſquels l'être ſe dépenſe ſi libéralement, tout en reſtant lui-même ! C'eſt proprement le ſublime dans l'ordre des rapports des êtres.

Mais, va nous dire quelque partiſan outré des doctrines prétendues radicales, tous ne peuvent être des grands hommes & des ſaints ; & que devient alors, dans votre ſyſtème, cette rigoureuſe égalité ſi fièrement réclamée & ſi priſée par l'amour-propre humain ?

Ce qu'elle devient?... Pour les faints, affurément, elle fubfifte ; car leur grandeur a pour bafe l'humilité même : mais pour les autres, en vérité, je ne fais, & j'avoue même m'en préoccuper affez peu, car cette égalité n'eft qu'un concept gratuit de l'intelligence, auquel toutes les réalités, foit phyfiques, foit morales, donnent un tel démenti, qu'on dirait, au contraire, avec plus de raifon, que l'inégalité des aptitudes & des befoins femble être la loi inévitable & néceffaire de l'ordre du monde ; car furtout il n'y a qu'un efprit borné qui ne puiffe comprendre que cette inégalité eft la conféquence logique & inévitable de la pratique d'une longue & férieufe liberté.

Rappelons, en effet, ce que nous avons dit (Étude VIIe) de leur oppofition prefque néceffaire, en raifon de la différence des aptitudes naturelles & des volontés dans l'effort, & par conféquent dans les réfultats de cet effort ; ce qui devra, à la longue, donner définitivement le pas au plus laborieux & au mieux doué fur celui qui le fera le moins ou ne le fera pas.

On fe figure, du refte, bien à tort felon nous, que la Juftice effentielle eft intéreffée à ce que tous les êtres de même nature aient la même part de droits & par conséquent de bonheur. C'eſt, ce nous ſemble, entreprendre ſur la liberté même de Dieu, qui donne & meſure diverſement ſes bienfaits, pour des raiſons dont la ſageſſe ſpéciale nous échappe, mais que mettrait en pleine lumière la connaiſſance parfaite de l'enſemble du plan de ſa création. Le don de l'être eſt inconteſtablement un bien à tous les degrés; & la jalouſie du moindre au plus haut eſt une penſée mauvaiſe & par conſéquent coupable, car les devoirs proportionnels équilibrent tout.

A chacun ſa place ſous l'œil de Dieu; à la reconnaiſſance de chacun de réaliſer la ſeule égalité poſſible dans l'inégalité d'ici-bas, l'égalité dans l'amour & par l'amour. L'égalité de nature dans l'inégalité de fait : telle eſt donc la loi du monde humain; telles la condition eſſentielle de ſon ordre & la conſéquence naturelle de ſa liberté.

A coup ſûr ſi toute la deſtinée des êtres libres était concentrée dans cette courte & triſte vie, ſi différente pour chacun, il y aurait bien à dire : la vertu, même la plus réſignée, en pourrait mur-

murer; & le crime & le vice y trouveraient trop bien leur compte?

Mais, la vie future faifant néceffairement contre-poids à la vie préfente, il en réfulte un ordre fucceffif qui laiffe à la liberté toute la franchife de fes allures, en affurant à la juftice effentielle toute la rigueur de fes droits. Sans la corrélation de ces deux mondes, qui s'ignorent mais fe complètent l'un par l'autre, l'ordre libre n'eût pu pleinement fe réalifer; & l'ordre libre, qui affimile en une certaine mefure l'être créé à Dieu, cet ordre, qui néceffite l'équilibre parfait du mérite & de la rétribution, eft manifeftement la plus belle penfée de l'intelligence divine & le chef-d'œuvre de la toute-puiffance créatrice.

Du refte, hélas! dès cette vie même, l'égalité de nature a plus de droits & de fatisfactions qu'on ne le penfe communément.

C'eft d'abord le befoin, qui nous rend tous dépendants plus ou moins les uns des autres. A ce point de vue, en effet, le Roi & le cordonnier même font égaux : car fans le Roi le cordonnier ne faurait fabriquer en paix fes chauffures, & fans le cordonnier le Roi marcherait pieds nus.

Ce font enfuite ces bleffures fi manifeftes de la fouffrance phyfique, qui s'attaquent à toutes les vies même les plus faines, & ces tortures fecrètes de la fouffrance morale, qui n'épargnent pas les deftinées en apparence les plus heureufes.

Évidemment ce font là les triftes legs d'une inconteftable déchéance originelle ; & ce rétabliffement par le mal partagé n'eft qu'une aggravation des mifères de l'homme, n'ayant d'autre effet que d'interdire la jaloufie entre des malheureux de diverfes fortes.

Mais la Religion du Réparateur divin de cette déchéance a des fecrets de nivellement d'une tout autre nature : elle égalife en relevant les inégaux, en les relevant, fi l'on peut ainfi dire, jufqu'au niveau de Dieu lui-même.

Cette Religion, en effet, n'eft-elle pas amour? & l'amour n'a-t-il pas pour première, pour néceffaire vertu d'égalifer entre eux tous ceux qu'il unit ? Sa foi, — cet amour qui croit, comme difait le premier Lamennais, — fa foi ne paffe-t-elle pas un niveau fublime au-deffus de toutes les têtes même les plus hautes? fes facrements ne font-ils pas courber tous les fronts, même les plus fiers ? & le plus faint de tous, celui qui fait de Dieu même, ô prodige du plus généreux amour ! la nourriture même de l'âme, n'égalife-t-il pas, en quelque forte, l'homme avec Dieu par cette compénétration ineffable des deux êtres l'un par l'autre ?

Ainfi, foit la nature, foit la grâce, tout concourt à rétablir, même en cette vie, en un certain fens, cette égalité originelle, que la liberté réciproque des êtres tend au contraire à détruire. Mais l'égalité originelle ne fût-elle point pleinement rétablie entre les hommes, le monde futur y fupplée affez pour que nous puiffions maintenir notre affirmation du rôle des grands hommes & des faints dans le monde, les premiers, pour l'animer, le repréfenter, l'honorer ; les feconds, pour l'édifier, le racheter, le fauver.

Oui, le monde va par les grands hommes ; il vit de la grande vie morale par les faints.

Prétendrait-on, en effet, tout faire dépendre des principes régulateurs des fociétés humaines, de ces lois éternelles, contre lefquelles, comme dit fi puiffamment Boffuet, *tout eft nul de foi,* &

qui font comme l'intime fupport de l'édifice? Certes, nous n'avons garde d'y contredire. Sans doute ces principes, ces lois ont une puiffance occulte que rien ne peut remplacer; & il eft vrai que l'impitoyable logique dont ils font le point de départ, régit fouverainement le monde. Mais n'eft-il pas évident auffi qu'il leur faut toujours des inftruments pour être mis en œuvre, des agents pour s'incarner en eux; & ces inftruments, ces agents font-ils autres que les grands hommes & les faints?

Oui, tout fe fait néceffairement par eux dans l'ordre focial : quoi que puiffent prétendre la fierté démocratique & fes intelligents fcrutins, ils font; foit officiellement, foit moralement, les initiateurs réels, les chefs véritables des efprits & des âmes; & lorfqu'un peuple n'en produit plus, c'eft un grand figne de décadence & de décrépitude nationales. Alors, en effet, la direction de ce peuple tombant en des mains d'incapables ou d'indignes, tout defcend au plus bas niveau, la maffe comme les individus, l'autorité comme les mœurs; & rien n'eft à efpérer d'un tel peuple tant que durera cette pénurie de grandes âmes.

Il faudra, bon gré mal gré, attendre qu'il en surgisse de cette boue des abaissements & des révolutions, trop souvent fécondée par le sang des justes opprimés. La restauration matérielle & morale de ce peuple, la restitution de son honneur s'accompliront alors avec la rapidité de l'expansion de la lumière d'un soleil qui remonte à l'horizon.

Et dans cette œuvre laborieuse, bien qu'instantanée, de conservation ou de régénération sociale, les grands hommes & les saints opèrent sur les caractères : ils en maintiennent ou en relèvent l'énergie, en opposant au vil intérêt les uns la gloire, les autres la vertu.

L'histoire n'est-elle pas là pour appuyer notre dire ?

Pour ne parler que de notre illustre & malheureuse patrie, ôtez donc de ses annales toutes ces grandes personnalités, soit politiques, soit religieuses, qui se suivent dans sa durée & forment comme une trame glorieuse de sa destinée supérieure ! n'en ferez-vous pas en même temps disparaître, avec sainte Geneviève & sainte Clotilde, cette vocation & cette protection surnaturelles qui firent dès lors des Francs les vrais agents de Dieu dans le monde ; avec Charlemagne, ce prestige de gloire militaire & cet éclat de science chrétienne, que ne purent éteindre les épaisses ténèbres de l'âge suivant ; avec saint Bernard, ce noble enthousiasme de la foi, qui poussa, sur notre exemple, toutes les nations chrétiennes à réagir contre l'affreux envahissement des hordes mahométanes, & à s'emparer en même temps de tous leurs éléments de progrès humain ; avec saint Louis, ce sentiment d'austère & douce justice, qui descendit jusqu'aux plus humbles sous le chêne de Vincennes ; avec la bergère de Domremy, la grande & sainte Jeanne d'Arc, ce patriotisme à la fois naïf & puissant, qui, recevant ses inspirations des saints envoyés de la patrie céleste, fut, par la foi & le courage, émouvoir tous les cœurs, armer tous les bras & chasser l'étranger ; avec François Ier, ce courage chevaleresque, qui lui fit mettre l'honneur au-dessus de toute infortune, & ce goût éclairé des arts, qui lui fit poser sur son siècle une auréole ineffaçable de séduisante beauté ; avec Henri IV, cette généreuse bravoure, ce bon sens souverain & cette verve gauloise, qui semblent résumer en quelque sorte le caractère & l'efprit même de la nation ; avec faint Vincent de Paul, cet amour furnaturel de l'humanité, qui, rayonnant fur tout le monde par la Société qu'il infpira, a honoré longtemps la France de la fainte royauté de la charité fur tout l'univers chrétien ; avec Louis XIV enfin, cette grandeur incomparable & cette énergie de volonté, qui lui firent une telle place dans fon fiècle fafciné, que, lorfque l'homme s'éteignit, par toute l'Europe émue courut ce mot funèbre : Le Roi eft mort! comme s'il n'y eût eu que lui qui fût invefti de ce titre fuprême!...

Je m'arrête au feuil de notre âge moderne.

Il n'eft point bon, il peut n'être pas fage de parler de ceux qui n'ont point encore échappé aux emphafes de la paffion contemporaine, & dont d'unanimes & durables hommages n'ont point confacré la renommée. Mais reconnaiffons que, fans tous ces grands hommes & ces faints, notre hiftoire paffée ferait évidemment privée de fon luftre & de fon honneur aux yeux de Dieu & des hommes, & que fans eux notre pays n'eût pas fi magnifiquement marché dans les voies les plus larges & les plus longues de la civilifation.

Mais d'où viennent les grands hommes & les faints? Où prennent leur fource ces fleuves bienfaifants, qui embelliffent & fertilifent la terre fociale?

A coup fûr d'abord ils viennent de Dieu; ils defcendent myftérieufement de ces hauteurs céleftes, d'où nous vient tout don parfait. C'eft de Dieu, en effet, qu'ils tiennent ces facultés originelles, ces tendances premières, puiffantes, qui précèdent tout effort, & que ce généreux Bienfaiteur des êtres fie à leur bonne volonté.

Oui, encore une fois, c'eft Dieu feul qui doue ces génies inventeurs, dont les conceptions illuminent les fciences & fécondent l'induftrie; ces poètes, ces artiftes, qui élèvent ou relèvent les âmes vers le grand idéal des êtres & des chofes par le culte du beau; ces hommes d'État, qui par de fages lois maintiennent ou réforment les mœurs; ces grands capitaines, dont l'intelligente épée montre avec affurance la victoire aux armées électrifées & défend la patrie en fauvegardant fon ordre & fa paix. Et, d'autre part, fuivant la belle penfée d'un auteur trop peu connu : « ... C'eft

« parmi les faints, pour ne dire qu'un mot de leur
« utilité, que la Providence choifit ces agitateurs
« pacifiques, qui font les révolutions fans foldats,
« qui retrempent un peuple fans brifer une cou-
« ronne, fans faire couler ni une larme, ni une
« goutte de fang (1). »

Mais c'eft, par conféquent, d'eux-mêmes auffi,
en quelque forte, que nous tenons ces grands,
ces vrais agents de la civilifation; car de leurs
efforts dépendent l'éclofion & le développement
de ces dons exceptionnels; c'eft auffi, enfin, des
fociétés elles-mêmes, à qui il eft donné de fé-
conder ces dons par des inftitutions fages, c'eft-à-
dire un bon régime des efprits & des âmes. Et
pour une telle œuvre, ce n'eft pas trop de leur
action & de celle de la religion harmonieufement
combinées.

Mais rares, hélas! font les grands hommes, plus
rares encore les faints. Cela eft vrai : ils ont la
deftinée du beau fur la terre; ils y conftituent
l'ariftocratie augufte, & celle-là inconteftée, du
génie ou de la vertu.

(1) PRON, *Harmonies facrées.* Lyon, Périffe, 1850, p. 301.

Toutefois, ne prenons pas trop le change. Sans doute, les grands hommes & les faints manquent fouvent au monde : il y a des époques de ftérilité, avons-nous dit, où tout fe rapetiffe aux proportions des groffiers intérêts & de la morale facile. C'eft l'heure des lâchetés de caractère & des cataftrophes fociales qui en font la lamentable conféquence. Mais, pour l'honneur de l'humanité & le falut du monde, Dieu garde en réferve des reffources qui n'apparaiffent point aux furfaces, & que toutefois l'œil du penfeur & du croyant fait découvrir dans les obfcurités les plus infimes de la maffe fociale. Ces reffources permanentes de la civilifation, ces folidarités dévouées, ce font les grands hommes ignorés & les faints inconnus.

C'eft ici le côté le plus profond & le plus féduifant de notre doctrine. Oui, la grandeur & la fainteté, pour ne pas être vifibles, n'en exiftent pas moins toujours au fein de la fociété humaine ; elles y font à l'infu de tous, pour y accomplir leur œuvre inceffante de progrès ou de rédemption.

L'œuvre matérielle de Dieu ne nous en offre-

14

t-elle pas, d'ailleurs, une faisissante image, un symbole éloquent? Les plantes les plus utiles n'y sont, en effet, ni les plus hautes, ni les plus apparentes. Et les fleurs cachées, ces mille & mille calices, qui s'abritent sous les ombres vierges de la forêt & dont les parfums semblent se perdre dans leur immensité silencieuse & insensible, ne sont-elles pas les ornements les plus purs & les plus purs encensoirs de la Création? Plantes de Dieu, fleurs de Dieu, vertus & gloires secrètes de l'univers végétal, elles nourrissent, guérissent & enrichissent l'homme : elles adorent, célèbrent & glorifient Dieu... Quelle place, quel rôle dans l'ordre universel!

Ainsi en est-il des grands hommes ignorés & des saints inconnus. Si les premiers sont les inspirateurs, les seconds sont les rédempteurs inaperçus du monde : les uns initient, suscitent ou du moins préparent les hommes au progrès social; les autres édifient, raniment ou sauvegardent secrètement les âmes & contrebalancent ainsi les responsabilités humaines aux yeux de la justice éternelle. Car le dogme de la reversibilité des mérites de l'innocent sur les coupables est le fond miséricordieux de la justice divine, à laquelle l'emprunte parfois la justice humaine elle-même.

Jetons un regard scrutateur & réfléchi dans les profondeurs des choses sociales :

Tel grand esprit spéculatif, perdu dans l'humilité d'une destinée commune, a roulé souvent dans sa pensée & renfermé dans ses écrits, dédaignés par le grand nombre, des germes lumineux, qui, tombés dans un esprit vulgarisateur, deviendront plus tard une grande découverte, une utile réforme, une doctrine féconde ; telle âme de héros, placée au dernier rang, allumera néanmoins dans les autres âmes, par son exemple désintéressé, ce feu sacré du courage qui gagne les batailles & sauve une nation ; tel ouvrier de génie précédera la science industrielle dans ses théories & devinera les lois qui plus tard enfanteront des chefs-d'œuvre ; tel cœur généreux donnera, en dehors des puissants officiels, le premier petit branle des mesures d'organisation, de réparation & parfois de transformation sociales, qui, pour le bien de l'humanité, marqueront plus tard dans l'histoire du monde.

C'eſt pour tous ces illuſtres innommés qu'a été écrit le célèbre : *Sic vos, non vobis ; Ainſi par vous, non pour vous,* du poète romain. La patrie & fouvent l'univers font, de la forte, les bénéficiaires ingrats des nobles efforts du génie ou du cœur de ces hommes méconnus, fouvent méprifés : la gloire, cette monnaie qui ne rémunère que le fuccès, la gloire ne couronne pas ces humbles fronts, ou, ſi elle le fait, c'eſt tardivement, & fouvent alors que la mort les a déjà touchés de ſa main de glace.

Ainſi de même exiſte-t-il des ſaints inconnus.

Ne ferait-ce pas, en vérité, fe faire une étrange & bien défefpérante idée de la fainteté que de la refferrer dans les étroites & rares pages des martyrologes officiels & des dyptiques facrés ? Sans doute ceux qui ont obtenu l'inſigne bonheur d'y être nommés font la gloire vivante de l'Églife ; ils ont droit aux honneurs d'un culte fpécial, à une puiſſance certaine d'interceſſion auprès de Dieu. Mais, pour n'être pas infcrit fur ces liſtes d'honneur, aurait-on perdu tout efpoir & tout droit de juſtification ? & ne ferait-ce pas offenfer la miféricordieufe juſtice de notre Dieu que de douter de l'incalculable foule de ces âmes myſtérieuſement prédeſtinées, qui s'efforcent d'attirer ſur notre pauvre monde ſi pervers les faveurs de la patience céleſte, & la grâce du relèvement? Le Dieu d'Abraham acceptait la ſeule préſence de dix juſtes dans Sodôme pour arrêter ſon bras vengeur, levé ſur cette ville honteuſe. Si donc tant de cités, peut-être auſſi coupables, ne ſont pas de nos jours traitées en telle rigueur, n'eſt-ce pas qu'elles contiennent dans leur enceinte, ſans s'en douter, ces ſauvegardes ſacrées, ces paratonnerres vivants, que nous nommons les ſaints inconnus? Inconnus des hommes, bien connus de Dieu!

Qui pénétrera jamais dans ces myſtères ineffables de généroſité, de dévouement & de ſacrifice, que recèlent avec une modeſtie jalouſe ces innombrables âmes, dont l'amour de Dieu & des hommes règle ſeul les mouvements & les volontés : pieuſes & douces victimes, s'offrant en holocauſte continu pour tous ceux qu'elles aiment, ou pour tous ceux qui ont à leurs yeux le tort & le malheur de ne pas aimer Dieu? Qui pourra ſurtout apprécier l'efficacité de la prière de tous ces cœurs ardents, c'eſt-à-dire de toutes ces puiſfances fuppliantes, qui vont folliciter fans relâche la toute-puiffance divine pour la fatisfaction de tous les befoins de la terre?

Il y a dans toutes ces vertus cachées, dans tous ces obfcurs renoncements, un hommage fi continu à la juftice & à la bonté de Dieu, c'eft un fpecta-cle, vifible à lui feul, fi beau, fi glorifiant, fi riche en mérites, qu'il ne fe peut que Celui à qui il eft donné ne l'accepte pas en compenfation, en contre-poids de tous les attentats du vice & du crime conjurés contre fes lois. Quelle grandeur donc dans ces petiteffes! & quelle fainte fierté doit développer dans les âmes, dans toutes les âmes, le grand dogme chrétien de la reverfibilité des mérites & de la folidarité des êtres devant Dieu!

Auffi eft-ce par là que les faints de tout ordre l'emportent fur les grands hommes. Car ceux-ci n'ont, comme nous l'avons vu, pour objectif très chanceux que la vaine gloire ou l'oubli, tandis que ceux-là, tout en ne fe recherchant nullement eux-mêmes, ont pour objectif fupérieur & certain, avec la vraie gloire intime ou extérieure d'avoir maintenu ou ramené les hommes au bien, la gloire impériffable de voir toutes leurs modeſtes vertus transformées chaque jour en autant de titres à la rémunération éternelle du Dieu, qui ſe couronne dans ſes ſaints.

Dieu, du reſte, ſouvent anticipe pour eux cette récompenſe, en donnant à ſon Égliſe cette perſpicacité délicate & prudente, qui lui fait tirer ces humbles ſaintetés de leurs ténèbres volontaires, pour les livrer dès ce monde ſur ſes autels à la vénération des hommes & à leur tardive reconnaiſſance.

Heureuſe donc la terre, *Felix prole virûm* (1), dont le ſein fécond porte de nombreux grands hommes! que ces nobles agents de ſa civiliſation, que ces fleurs exquiſes de ſon honneur & de ſa gloire ſoient viſibles ou non au grand jour de l'hiſtoire! Plus heureuſe encore celle qui ſe couvre de cette végétation vivante de la ſainteté inconnue, comme d'une enveloppe défenſive contre la juſtice divine, d'autre part provoquée par tant d'impiétés & de déſordres! Que ſi, au-deſſus de cette riche moiſſon de mérites, elle voit encore

____

(1) *Æneid.*, liv. VI.

fe dreffer au-deffus d'elle, en la perfonne de quelque grand faint, un de ces arbres bénis, dont les fruits de falut reconfortent les âmes en quête du royaume de Dieu, cette terre ne faurait périr; elle aura vraiment, comme difent les faints Livres, germé fon fauveur.

Que nos cœurs donc ne fe troublent point à la vue des crimes de la terre! Lorfque nous ferons tentés de défefpérer, rappelons-nous qu'au-deffous de cette furface impure, dans les bas-fonds les plus humbles de la fociété compromife, il exifte des tréfors de rachat, dont la bonté du Dieu qui voit dans le fecret, *qui videt in abfcondito*, enrichit fans ceffe la terre, pour qu'elle puiffe toujours fatisfaire aux exigences de fa juftice.

Ainfi nous avons eu raifon, à double titre, de dire en commençant : Si le monde va par les grands hommes, il eft racheté & fauvé par les faints. Car la grandeur & la fainteté font doubles, c'eft-à-dire vifibles & invifibles; & ce n'eft même pas toujours celles qui excitent le plus l'admiration des hommes, qui ont le plus d'éclat & de valeur d'interceffion aux yeux de Dieu.

—

De la valeur intime du Langage, dans l'ordre ſocial, au triple point de vue intellectuel, politique & religieux.

Lorſqu'on étudie les criſes de l'hiſtoire : luttes de doctrines, travail de réformes, cataſtrophes de révolutions, on eſt frappé de l'art avec lequel les novateurs de tout ordre décorent des noms les plus ſonores & les plus honorables leurs ſyſtèmes & leurs utopies. C'eſt toujours, ſelon eux, à la clarté de la vérité qu'ils marchent, au triomphe de la vertu qu'ils tendent.

Ainſi, quand un moine révolté attaquait l'Égliſe, il oſait s'appeler *Réforme;* quand le XVIIIe ſiècle ſe raillait de la religion, il avait l'inconcevable préſomption de s'appeler *philoſo-phie;* quand la Révolution, achevant cette œuvre

de démolition infenfée autant que coupable, ren-
verfait la fociété fous d'immenfes ruines & la
noyait dans des flots de fang, elle fe glorifiait
d'avoir reftauré les droits de l'homme & chan-
tait l'hozanna de la Liberté devant l'autel de la
déeffe Raifon; enfin quand, de nos jours, les
mécréants de tout ordre s'infurgent contre tout
droit traditionnel & toute révélation, ils s'intitu-
lent pompeufement *progreffiftes* & *libres-penfeurs!*

D'autre part, comme il importe autant de ra-
baiffer fes adverfaires que de fe relever foi-même,
il n'eft forte d'appellations injurieufes ou à con-
tre-fens, dont ils n'affublent ceux dont ils ont
juré le renverfement ou la perfécution. Les Rois
font effentiellement des *tyrans;* les prêtres, des
fycophantes; les écrivains dévoués aux faines doctrines, des *arriérés;* & il n'y a pas jufqu'à ces
humbles religieux, qui inftruifent le peuple fans
l'abrutir par un enfeignement fyftématiquement
athée, qui ne foient caractérifés d'*ignorantins.*

Affurément il y a là une tactique habile; d'autant plus habile que les honnêtes gens & les
efprits même éclairés la favorifent avec un dé-
plorable laiffer-aller, en acceptant dans leur polé-

mique, s'ils ne les créent pas parfois, quelques-unes de ces dénominations mensongères.

Mais n'y a-t-il que de l'habileté dans ce procédé de langage & de discussion ? Je ne puis l'admettre. Il y a, selon nous, dans ces déguisements singuliers un hommage à la vérité, que leurs auteurs ne soupçonnent pas ; il y a surtout une preuve que l'homme est tellement fait pour elle, que, lorsqu'on le convie à l'erreur, on est encore forcé de la lui présenter sous le nom & le vêtement de cette même vérité qu'on outrage. C'est à quoi sont ainsi condamnés tous les agresseurs de la vérité essentiellement divine : on dirait d'un écriteau de honte appliqué sur leur front, quand tôt ou tard ils sont entraînés, par la force même de l'erreur, à attaquer les choses saintes dont ils s'étaient prétendus les champions.

N'a-t-on pas vu, ne voit-on pas encore, en effet, les foi-disant partisans du libre examen, dans presque tous les pays où ils dominent, gêner, persécuter tous ceux qui ne pensent pas & ne croient pas comme eux ; les apôtres de la liberté faire des lois de suspects, condamner les aristocrates pour crime d'origine, & imposer toutes leurs doctrines fociales fous peine de mort; enfin employer tous les moyens légaux & extra-légaux pour courber toute intelligence fous leur beau joug de liberté.

C'eft là un fpectacle affligeant & édifiant tout enfemble; car, s'il prouve, d'une part, l'inconteftable duplicité des efprits pervertis par l'erreur; de l'autre, il démontre les imprefcriptibles droits de la vérité & préfagent fon triomphe infaillible. A quelle durée peut, en effet, prétendre l'erreur, quand elle fe ment ainfi à elle-même, quand elle donne à tous les efprits de bonne foi une telle certitude de fa fauffeté, qu'elle fe contredife, c'eft-à-dire qu'elle fe nie en propres termes?

Les efprits & les âmes attachés à la vérité de tout ordre, ne doivent donc pas défefpérer à la vue de ce carnaval de mots, déchaîné autour d'eux, pour leur diffimuler la hideufe réalité des fyftèmes & des projets qu'ils recouvrent. L'orgie n'a qu'un temps; & toujours le moment vient où la laideur apparaît nue, où le venin coule en plein foleil, où la méchanceté, en un mot, fe décèle naïvement elle-même.

Mais convient-il d'attendre ce moment vengeur? Cette patience longanime n'a-t-elle pas un côté blâmable? N'affume-t-elle pas, en dédaignant de réagir, la refponfabilité de tous les maux qu'entraîneront immanquablement ces falfifications volontaires ou inconfcientes de la parole humaine? Au lieu de cette abftention qui pourrait être taxée d'indifférence, ne vaudrait-il pas mieux provoquer dans le champ clos de la logique grammaticale ces foi-difant chevaliers de la libre penfée; &, dirigeant fur leur vifière fi bien abaiffée la pointe affurée d'une argumentation férieufe, faire fauter ces cafques impofteurs & dévoiler aux yeux du public abufé les triftes figures qu'ils nous cachent?

Sans contredit cela ferait préférable; car l'erreur n'aurait pas le temps d'accomplir toutes les ruines, tous les attentats qu'elle prépare; & la fociété raffurée verrait promptement alors toutes les chofes dignes de refpeſt fe reftaurer fous leurs noms véritables, qui les fignaleraient à l'hommage de tous.

C'eft donc un travail de première utilité d'examiner cette queftion fondamentale de la relation des chofes & des êtres avec leur dénomination;

de tâcher de faire comprendre que rien n’eſt plus dangereux que la pratique que nous venons de ſignaler chez les eſprits erronés ; que c’eſt un tort inconcevable des bons eſprits d’accepter leur vocabulaire perverti & pervertiſſant tout enſemble ; & que c’eſt là une cauſe plus grave qu’ils ne le ſuppoſent dans les difficultés que rencontre la polémique de la vérité, quelque invincible qu’elle puiſſe être en elle-même.

Or, bien que grammaticale, la queſtion ſe poſe d’abord d’une façon toute philoſophique ; car un grand eſprit l’a dit avec infiniment de raiſon : *une ſcience, & par conſéquent une philoſophie, n’eſt qu’une langue bien faite.* Qu’on ne s’en effraie pas toutefois ; ce n’eſt qu’une philoſophie tout élémentaire & condenſée en quelques mots très ſimples. Nous nous demanderons donc quelle eſt la relation du nom avec la choſe nommée.

Le nom étant la manifeſtation de la choſe ou de l’être qu’il nomme, ſon vêtement ſymbolique, en un mot ſa *forme* déterminative & expreſſive, il eſt clair pour tous, je ſuppoſe, qu’il eſt avec cette choſe ou cet être dans le rapport étroit & néceſfaire de la forme à la fubftance de cet être ou de cette chofe. Or, la forme ne fe pouvant féparer de la fubftance, lui étant, en d'autres termes, con-fubftantielle (car la forme n'exifte pas en foi feule, il faut qu'elle foit la forme de quelque chofe ou de quelque être), elle eft néceffairement la cor-rélative de la fubftance, comme la fubftance, ou le *fous-étant*, *fub-ftans*, eft la corrélative de la forme, qui eft, fi l'on peut ainfi dire, le deffus de ce deffous. Il en réfulte évidemment que le nom des chofes ou des êtres leur correfpond néceffaire-ment, & qu'il ne peut être changé ni altéré fans que la chofe ou l'être en fouffre dans fa propre effence.

Toute chofe & tout être ont donc leur nom expreffif, par lequel ils vivent l'un & l'autre dans le monde de l'intelligible ; & la relation de ce nom avec leur intime nature eft donc telle qu'on peut dire fans crainte que tout être & toute chofe exiftent par cela même, par cela feul qu'ils font exprimés, qu'ils ont un nom dans la langue des hommes. Que les irréfléchis ne s'en étonnent pas ! c'eft là une preuve des chofes & des êtres par eux-mêmes, par leur propre révélation, qui vaut toutes les preuves induites ou déduites, qu'é-

laborent à grands frais de raifonnement les philofophes de profeffion. C'eft là, difons-le en paffant,
la preuve première & irréfutable de l'exiftence de
cet Être fuprême ou divin, que nomme toute
langue, même celle de ceux qui le blafphèment
ou qui le nient.

La chofe ou l'être nommés exiftent ainfi de néceffité logique; car leur nom eft leur verbe révélateur, comme le Verbe éternel eft le révélateur
du Père éternel. C'eft leur manifeftation néceffaire; & toutes les négations hoftiles ne fauraient
prévaloir contre cette loi du monde idéal.

Cela étant, on voit quelle eft l'importance de
l'attribution normale des noms aux chofes & aux
êtres, & quels les dangers que peut faire courir
à la rectitude de l'efprit la confufion qu'on laiffe-
rait s'introduire dans cette attribution. Cette confufion, en effet, ne va à rien moins qu'à fauffer la
nature de ces chofes & de ces êtres, qu'à jeter le
trouble dans les âmes,

> *En donnant* le nom de lumières
> A la pâle nuit des tombeaux (1).

(1) LAMARTINE, *Méd.*

Lorſque les mauvaiſes penſées ont à ce point altéré le langage, il ſe paſſe un phénomène comparable à celui de la tour de Babel, avec cette différence néanmoins, toute à l'avantage de nos premiers pères, qu'il n'en fut ainſi pour eux que parce qu'une volonté ſupérieure avait rompu le faiſceau de la langue primitive; tandis que nous, nous n'avons qu'à nous en prendre à nous-mêmes de la perverſion de notre langage, & par conſéquent de l'obſcurciſſement de toutes les vérités néceſſaires à notre vie intellectuelle.

Les hommes parlant la même langue ne s'entendent plus : les mots les plus auguſtes ſont employés à recouvrir les choſes les plus viles, c'eſt à ce point que, pour ceux qui veulent comprendre quelque choſe dans cet étrange bouleverſement des lois de la penſée, le procédé infaillible ſerait de prendre les paroles de certaines gens & de certains partis tout au rebours de ce qu'elles ſonnent & de ce qu'elles ont la prétention d'exprimer.

L'ancienne Rome en était arrivée à cet excès lamentable, lorſque l'auſtère Caton, ſcandaliſé à juſte titre de la façon cavalière dont Céſar caractérifait les crimes de Catilina, s'écriait avec douleur en plein Sénat : « *Jam pridem equidem vera re-* « *rum vocabula amifimus ;* Déjà depuis longtemps, « en effet, nous avons perdu les vrais noms des « chofes (1). »

La Rome chrétienne n'eft point déchue de la fageffe de Caton ; car fon Caton, à elle, n'eft autre que l'organe officiel de la fageffe divine. Et, chofe remarquable ! c'eft prefque dans les mêmes termes qu'elle fe plaint, lorfque, obligée de condamner, autant au nom de la raifon que de la foi, certaines erreurs politiques, elle dit à ceux qui lui reprochent de rompre par là avec la civilifation moderne : « *Vera rebus vocabula reftituan-* « *tur, & hæc Sanôla Sedes fibi femper conflabit ;* Que « les vrais noms foient reftitués aux chofes, & ce « Saint-Siége fera toujours d'accord avec lui-même « & avec la vérité (2). »

Oui, la rectitude du langage entraîne la rectitude des penfées ; & de même la fauffeté des pen-

---

(1) Sallust., *Catil.*, LII, p. 56. Barbou.
(2) Alloc. Pii IX. *Jam dudum.*

fées eft le principe de celle du langage : cela nous eft bien démontré par ce qui précède.

Nous n'avons donc plus qu'à paffer en revue les mots les plus audacieufement inexacts de ce vocabulaire de l'erreur (nous en avons même déjà fignalé quelques-uns, fauf à les difcuter plus tard), & qu'à les critiquer au nom de la vérité qu'on fpolie, pour fe produire en fon nom & la fupplanter effrontément. Mais, afin de ne rien laiffer échapper d'important, il nous faut procéder avec méthode, & nous placer fucceffivement dans les trois ordres principaux de la penfée : l'ordre intellectuel, l'ordre politique & l'ordre religieux.

Occupons-nous, d'abord, de l'ordre intellectuel. N'eft-il pas, en effet, celui qui importe le plus, puifqu'il eft, humainement parlant, la racine, la fource, le principe de l'art de penfer en général, en un mot le point de départ de la fcience raifonnée comme de la foi raifonnable ? Car, fi la foi vient avant tout de Dieu, elle doit être néanmoins librement acceptée par l'homme : rofée célefte, il faut, pour qu'elle foit féconde, que la terre lui ouvre fon fein ; rayon de célefte lumière, il faut, pour qu'il révèle au contemplateur les beautés vifibles, que l'œil de ce contemplateur s'ouvre pour le recevoir. En d'autres termes, la foi eft la fcience de l'âme, comme la fcience eft bien fouvent la foi de l'efprit.

Attachons-nous premièrement à ce grand mot de *fcience*, & mettons en lumière l'étrange abus qu'en font les contempteurs de la foi. On en fait grand bruit ; & certes on a raifon, car c'eft le corrélatif du plus beau don de Dieu à l'homme, la liberté ; c'en eft le néceffaire flambeau. Mais il faut en précifer la notion.

Entendue dans fa fignification la plus large, la fcience (qui vient de *fcire*, favoir) n'eft autre chofe que la connaiffance humaine à tous les points de vue & à tous les degrés de l'être & de la chofe ; elle embraffe donc le monde vifible & le monde invifible : car il y a un monde invifible, ce dont ne fe doutent guère les favants qui ne favent & ne veulent voir que par les yeux du corps.

Or, comment fe fait-il que ce mot fi grand, fi vafte, immenfe, foit, dans fon acception actuellement adoptée, reftreint & réfervé aux feules fciences phyfiques, de telle forte qu'il n'y ait ainfi de favants proprement dits que dans cet ordre ? Pourquoi, par conféquent, les fciences métaphyfiques font-elles dédaigneufement reléguées dans la claffe des lettres, comme fi elles n'étaient qu'un jeu de l'efprit & un rêve de l'imagination ? A ce compte, nous l'avons dit ailleurs, Platon & Boffuet ne feraient que de fimples lettrés, tandis que l'auréole de la fcience brillerait fur le front du plus vulgaire préparateur de chimie ou répétiteur d'algèbre ! Non, mille fois non : la fcience eft le nom de tous les efforts de l'efprit; elle s'applique tout auffi bien à ceux qui ont pour objet la connaiffance de Dieu, qu'à ceux qui tendent à la recherche des lois de fa Création; & à ce titre-là la foi auffi eft une fcience !

Grand eft le danger de laiffer s'enraciner dans les efprits le préjugé contraire. Il eft fi agréable & fi utile pour les favants de la matière de fe rengorger dans ce titre privatif & de fe renfermer ainfi dans une ariftocratie d'intelligence, du haut de laquelle ils puiffent regarder en pitié les fimples penfeurs ou les favants des chofes de l'efprit. La matière alors a beau jeu; & la penfée pure, ou la raifon, n'a qu'à fe bien tenir. Admis une fois, en effet, qu'il n'y a de fcience qu'à la condition d'une obfervation purement phyfique, il eft bien évident que les obfervations pfychologiques, les hautes fpéculations de l'efprit & fes procédés de tranfcendance, fi fublimes à la fois & fi naturels, que dis-je ? que l'âme elle-même ne feront plus que des formes arbitraires de la penfée & de vains concepts de l'intelligence.

Et cependant il n'en eft rien : comme il y a une fcience phyfique qui repofe fur l'obfervation fenfible, il y a une fcience métaphyfique, qui a fes faits fondamentaux auffi férieux, auffi réels que ceux que conftatent le fcalpel, le microfcope ou l'alambic; il y a une fcience religieufe, qui a fes faits furnaturels, auffi vrais, auffi prouvés que ceux des deux premières. En ces trois cas, l'obfervation feule varie : plus facile, plus acceffible à tous dans l'ordre matériel, elle eft plus haute & plus fubtile dans l'ordre moral, & il y faut de plus fiers & de plus fermes efprits : voilà l'unique différence. Or, fi l'homme fe fent vraiment efprit, il ne lui peut venir en penfée de fe plaindre de la néceffité d'un tel effort. Que fi, au contraire, il a la prétention affez bizarre de fe rabaiſſer à une ſimple deſtinée animale, il a tort de ne pas s'apercevoir que la moindre théorie rationnelle, déduite des faits matériels obſervés, eſt comme un paſſage de la ſcience phyſique à la ſcience des lois & des cauſes, & que, par conféquent, il lui faut admettre cette dernière à peine de ne pouvoir penſer ni même parler.

Ceci nous amène à l'appréciation d'un autre mot auſſi prétentieux qu'il eſt faux : miférable ballon de baudruche, que la moindre plume, taillée par le bon ſens, peut crever, au moment même où il tente de s'élever dans les régions ſupérieures du ciel ſcientifique. Ce mot, c'eſt le mot, ſi emphatiquement prononcé, de *Poſitiviſme*.

Selon le prétendu principe d'études qu'il dénomme, la ſcience humaine, quelle qu'elle ſoit, ne doit s'occuper que de ce qui peut être l'objet d'une expérimentation phyſique. Il n'y a ainſi de *poſitif* aux yeux des partiſans de cette nouvelle école, que ce qui peut ſe voir, ſe toucher, être entendu, c'eſt-à-dire ce qui tombe ſous les ſens. Et, bien que la penſée y tombe par la parole, elle ne relève apparemment de la ſcience de ces efprits fi pofitifs que par le vain bruit qui la porte à leurs doétes oreilles. Quelle pitié!

Or, que dit le Diétionnaire à ce mot *pofitif;* car évidemment celui de *pofitivifme* n'eft encore qu'un barbarifme métaphyfique, qui n'a de fens que par le premier? Il dit que le *pofitif* eft ce qui eft certain, conftant, affuré, en d'autres termes, ce qui eft réel. C'eft donc à dire que le *pofitivifme* aurait l'audace inquálifiable de n'accorder de réalité objeétive qu'aux chofes ou aux êtres acceffibles à une obfervation matérielle. Humiliant fyftème, qui, rétréciffant la fphère de l'intelligence humaine, fait difparaître de fon domaine ce grand monde de la penfée au fein duquel tout être intelligent refpire & vit même à fón infu, toutes ces idées de caufe, de perfeétion, de vertu, qui ne feraient évidemment que des fubtilités de langage ridicules, fi elles n'avaient pour fujet un monde fubftantiel, auffi réel, auffi vivant, que dis-je? plus réel & plus vivant que le monde matériel lui-même, puifqu'il eft fa raifon d'être & comme fon intime fupport! Les idées éternelles, émanations néceffaires d'un être éternel, ont le pas affurément fur le monde qui les réalife; & la matière bornée ne peut prétendre à précéder & à *caufer* l'efprit. Chofe étrange! ces docteurs de la matière ne fe doutent pas du prodigieux ridicule qu'ils affument, en faifant réfulter l'inétendu, l'indivifible, l'impalpable, ou la noble & éternelle penfée, de l'étendu, du divifible & du palpable, c'eft-à-dire de la vile & caduque matière. Il eft vrai qu'il leur faut bien fubir cette réalité, toute invifible, toute fpirituelle qu'elle foit; & alors ils ofent, pour fe tirer d'embarras, affirmer cette énormité : que la penfée eft une propriété inhérente à la matière. Mais comment fe fait-il alors qu'elle n'ait aucune des propriétés de cette matière, & qu'on ne puiffe nous produire ni des bruits, ni des figures, ni des fractions de penfée, ni nous expliquer cet horrible phénomène de la mort, qui fupprime fi rapidement cette merveilleufe propriété inhérente?

Oui, pitié, grande pitié pour ces efprits qui fe dégradent, pour ces âmes qui s'*abêtiffent* ainfi à plaifir, en fe donnant férieufement pour ancêtre le fimple animal, & qui pourtant s'offenferaient grandement fi l'on fe permettait d'appliquer à leurs penfées l'adjectif de ce verbe, qu'ils infligent ainfi fcientifiquement à leur être penfant.

Nous ne pouvons difcuter à fond cette abjecte doctrine : ce n'eft point notre fujet. Il nous fuffit d'avoir fait comprendre que rien n'eft plus inexact que le mot qui la nomme, que rien n'eft moins *pofitif,* en d'autres termes, que le *Pofitivifme ;* & que, fi une doctrine avait droit, au contraire, à cette orgueilleufe étiquette, fi mal placée, du refte, fur un effort purement humain, ce ferait à coup fûr celle, qui affirme la réalité fpirituelle du fujet qui la conçoit & la produit, & dont, d'autre part, la certitude, au point de vue religieux, eft garantie par la parole de l'Être premier & néceffaire, duquel tout ce monde fpirituel procède & relève.

Ce qui précède nous difpenfe d'infifter fur la fignification incomplète, donnée par ces efprits, enfiévrés de matérialifme, au mot d'*obfervation,* lequel, felon eux, ne doit s'entendre que d'une étude & d'un examen ftrictement phyfiques. Cela eft parfaitement faux ; car, prenons bien garde à cet axiome : la réflexion eft l'obfervation de l'efprit, comme l'obfervation eft la réflexion des fens.

On fouffre, en vérité, à voir ainfi reftreindre

les opérations de l'esprit sur lui-même & sur toutes les idées éternelles de cause, de bonté & de justice, choses assurément aussi certaines que le calorique & l'électricité, lesquels, par parenthèse, sont des entités assez métaphysiques, des causes, en un mot, à l'état d'hypothèses, ne se révélant que par leurs effets à l'intelligence de nos savants de la matière.

Signalerons-nous enfin, dans cet ordre, à la défiance des esprits sages ce mot si vague & si élastique de *Nature,* imaginé depuis si longtemps par une certaine science pour se dispenser de nommer la vraie cause des causes, & cependant donner une cause nominale à tous les phénomènes de l'univers ? Qu'est-ce, en effet, que cette *nature ?* serait-ce l'universalité des choses ? Mais alors nous tombons dans un panthéisme matérialiste insoutenable. Serait-ce quelque force en dehors de cette même universalité ? Mais alors, si ce n'est pas Dieu, ce n'est qu'un mot vide de sens ; &, si c'est Dieu, pourquoi ne lui pas donner son vrai & adorable nom ? Certes, c'est bien peu de franchise dans un si manifeste athéisme. On ne saurait trop rappeler à ce propos ce fin mot de J. De

Maiſtre : « La Nature, je ne connais pas cette « femme-là. »

Voilà pour cet ordre intellectuel dans lequel l'altération du langage a des conſéquences qui s'étendent à tous les autres ordres de la penſée. Tout ſe tient, en effet, d'un ordre à l'autre ; car ſi la vérité eſt diſtincte dans ſes aſpects, n'eſt-elle pas une dans ſon eſſence ?

Nous l'allons bien voir dans l'ordre politique, où toutes les fauſſes locutions qu'il nous y faudra relever & rectifier ſont particulièrement adoptées par les mêmes eſprits que nous venons de réfuter dans l'ordre intellectuel. Inutile de dire qu'il ne s'agit ici que de politique ſpéculative, & que nous n'entendons nullement nous mêler aux polémiques paſſionnées des partis.

Et d'abord, ce mot ſuprême d'*autorité*, qui exprime ſi excellemment le droit & le devoir du commandement en ſa notion la plus abſtraite, nos ſophiſtes politiques n'en veulent point ; ils le repouſſent & le remplacent d'ordinaire par celui de *Pouvoir*, lequel eſt loin pourtant d'avoir la même valeur doctrinale. Tout être vivant, en effet, a un pouvoir : le peuple proprement dit, cet être moral fi néceffairement fubordonné, a lui-même un pouvoir, le pouvoir de fe conftituer, de fe donner un chef & des ferviteurs, de les changer, de les renverfer même, pouvoir, hélas ! fouvent de fuicide & de ruines ; mais ce n'eft pas ce pouvoir directeur, qui tout enfemble, remarquons bien cette locution, *donne* l'ordre & le *fait*, & que feul nomme d'une façon adéquate le mot d'*autorité*.

Les mêmes gens parlent-ils de l'abus de pouvoir d'un chef monarchique, ils le flétriffent, & avec raifon, du nom de *defpotifme ;* mais leur vient-il jamais à l'efprit d'appliquer la même flétriffure à ces gouvernements, où le même abus eft le crime de la multitude, devenue maîtreffe en la perfonne de foi-difant mandataires dont nous parlerons plus bas.

Nous avons vu que ces politiques déplorables, défireux avant tout d'éliminer Dieu de la régie intime des chofes humaines, ont imaginé auffi de qualifier de gouvernements de Droit divin les gouvernements monarchiques héréditaires, par oppofition à ceux d'origine élective, qu'ils prétendent être feuls des gouvernements purement humains ! Comme fi tous les gouvernements humains n'étaient pas de *droit divin*, & réciproquement ! Comme fi, nous l'avons déjà établi, en dehors du droit divin, l'homme avait le droit de commander à l'homme ! Comme fi le nombre & la force, ces deux lois de l'inerte matière, étaient fuffifants pour exiger la foumiffion & juftifier la contrainte d'êtres penfants & libres ! Quelle façon d'entendre la dignité de la fubordination humaine !

Ce font des théoriciens de même valeur qui, plaçant le pouvoir fouverain dans ceux mêmes qui le fubiffent, ont inventé la doctrine fi étourdiment reçue de la *délégation* dudit pouvoir ; doctrine que nous croyons avoir fuffifamment percée à jour dans la cinquième Étude. Il faut bien, dira-t-on, que le peuple délègue fon pouvoir, puifqu'il ne peut l'exercer directement. Vraiment, il ne le peut ! je le fais bien. Mais alors fon pouvoir fouverain eft donc, admirez cette antilogie ! un *pouvoir* fouverainement *impuiffant*, c'eftà-dire une vanité dans une illufion ! Voilà où aboutit en réalité cette pompeufe terminologie.

Et de la *liberté*, qu'en dirons-nous ? de ce grand

mot, mais de ce mot Protée, qui fert trop fouvent de juftification, de titre décevant à tous les defpotifmes d'en bas ?

Ce mot ne vient-il pas de *librare,* pefer ?... Il exprime donc pour l'homme le droit de juger, d'apprécier le jufte & l'injufte, le bien & le mal. Mais.ferait-ce jamais, comme aucuns le penfent, le droit de faire ce bien ou ce mal à fon choix ? Affurément cela ne peut être ; & Dieu lui-même, qui eft fouverainement libre, je fuppofe, ne l'eft point de cette façon : il a, au contraire, fi l'on peut ainfi parler, l'adorable impuiffance du mal. Comment donc, dans l'homme, fon œuvre, le pouvoir de faire le mal ferait-il le droit de le faire ? Quand la liberté fait le mal, elle perd cet augufte nom & prend celui de *licence ;* & la licence eft toujours un vice, quand elle n'eft pas un crime. La théorie en vogue n'en prétend pas moins que la liberté doit être *illimitée.* Mais, la liberté n'étant autre chofe, qu'on veuille bien y réfléchir ! que l'expreffion même de la limite réciproque des êtres libres les uns par les autres, il s'enfuit inévitablement que c'eft demander que la *limite* foit *illimitée.* Ce qui conftitue une belle for-

mule, & vraiment très logique, de la doctrine révolutionnaire. Mais nous reviendrons dans un
inftant fur ce mot & fes dérivés, à propos de leur
fens au point de vue religieux.

Du mot de *civilifation* nous ne dirons qu'une
chofe, c'eft qu'on a tort de l'entendre dans le
fens purement civil, ou laïque, comme on dit
aujourd'hui, la civilifation comprenant évidemment tous les éléments de perfectionnement focial qu'un peuple porte en fon fein & met en jeu,
& par conféquent l'élément religieux, qui eft le
plus énergique, le plus fécond de tous, c'eft-à-dire
le reffort intime des paffions faintes & des fermes
volontés.

Non point, du refte, que, par là, nous enten-
dions engager la fociété dans la voie de cet ordre
de chofes, dont on fait une forte d'épouvantail
fous le nom de *Théocratie.*

Encore un mot auquel nous avons eu déjà affaire. Sans doute rien ne ferait redoutable comme
un fyftème gouvernemental dans lequel tout fe
ferait, fe commanderait & fe punirait directement au nom de Dieu. Quel danger de voir
l'homme exercer ainfi la Royauté divine ! Mais

vraiment où cela ſe voit-il? Je l'ai plus haut affirmé & je l'affirme encore : il n'y a pas, il ne peut pas y avoir de théocratie proprement dite en ce monde, que Dieu a livré en plein à l'humaine liberté. Dans l'ordre chrétien même, la prétention ſeule en eſt impoſſible ; car n'eſt-ce pas le Chriſt lui-même qui, le premier, a, non pas ſéparé, mais diſtingué à jamais les deux autorités humaine & divine, lorſqu'il a dit à ces phariſiens hypocrites qui voulaient le compromettre avec la Puiſſance : « Rendez à Céſar ce qui eſt de Céſar & à Dieu ce qui eſt de Dieu ? » C'eſt à la lumière de cette parole du Chriſt que nous avons caractériſé plus haut (deuxième Étude) le pouvoir temporel de ſon vicaire. Lors donc que l'on parle de théocratie à propos de l'Égliſe catholique, on s'abuſe étrangement.

De la *théocratie* paſſons à tous les autres mots à même définence de l'ordre politique. Nous allons voir qu'ils ne ſont pas mieux compris & qu'on s'en ſert à plein contre-ſens.

Quand on ne donne pas dans les rêveries de la métaphyſique révolutionnaire, on reconnaît ſans peine qu'un peuple ſe diſtingue naturellement &

néceffairement en trois éléments parfaitement in-
telligibles : D'abord, celui ou ceux qui commandent (& toujours en définitive, même en République, c'eft un feul, un *monarque* en un mot,
bien qu'on le nomme alors préfident, au lieu de
Roi); enfuite, ceux qui font commandés & qui
obéiffent ; enfin ceux qui fecondent celui qui
gouverne & adminiftrent ceux qui font gouvernés; en trois mots, le chef, le peuple proprement dit & les miniftres ou fonctionnaires de
tout ordre.

Dans tout peuple, parvenu au plus haut degré
de civilifation, chacun de ces éléments doit avoir
fa part d'action dans l'effort focial qui réalifera
l'ordre public. Le peuple, en fes comices, affifte
le chef de fes votes néceffaires. « La loi, difaient
« même nos antiques capitulaires, fe fait par le
« confentement du peuple & la conftitution du
« Roi; *Lex fit confenfu populi & conflitutione Re-*
« *gis;* » & les ferviteurs ou miniftres, fidèles au
chef qui les inftitue, fe doivent fans réferve au
bonheur & au bien-être du peuple dont ils font
iffus. Si nous faifions ici une théorie complète de
ce genre de gouvernement perfectionné, nous

dirions que la repréfentation nationale auprès de l'autorité y eft double : l'une, qui, compofée & perpétuellement recrutée de toutes les capacités mûries & de toutes les illuftrations reconnues, y repréfente l'efprit de confervation; l'autre, qui, formée de toutes les jeunes capacités & de toutes les notabilités naiffantes, y repréfente l'efprit de réforme & de progrès : en deux mots, l'élite du paffé & l'élite du préfent, marchant d'accord au nom du peuple à la conquête de l'avenir.

Mais cet état normal, où chacun des trois éléments fociaux a fa place & fon influence légitimes dans la hiérarchie politique, eft malheureufement d'une réalifation très rare. Un feul peuple, notre voifin, jouit, de nos jours, de cet état focial fi diftingué & fi fécond. Quant à nous, nous ne l'avons qu'entrevu naguère. L'état ordinaire d'un peuple confifte, hélas! dans la prédominance trop exclufive de chacun de ces éléments; & c'eft pour le caractérifer qu'ont été inventés ces trois mots, fi fouvent mal employés dans la langue politique : *Mono* ou *Autocratie, Démocratie & Ariftocratie.*

Chacun de ces états, bien loin d'être un progrès, comme on le croit communément, eſt un excès & par conſéquent un mal ſocial. Je ſais qu'en parlant ainſi je froiſſe bien des idées reçues ſur la démocratie ; mais ce n'eſt pas ma faute ſi une fauſſe entente des mots entraîne les opinions générales dans l'ornière de préjugés inacceptables ; & le premier devoir de l'homme qui prétend penſer & parler correctement n'eſt-il pas de ſignaler ce dangereux vice du langage, au riſque même de déplaire à ſon public ou de lui inſpirer peut-être la plus mépriſante pitié ?

Préciſons donc la valeur & la ſignification réelle de ces trois mots, qui expriment la puiſ-ſance (κρατος) à tous ſes points de vue politiques.

L'*autocratie* eſt la domination excluſive & par conſéquent deſpotique d'un ſeul ; la *démocratie*, la domination excluſive & par conſéquent deſpo-tique auſſi de la maſſe populaire ; l'*ariſtocratie* enfin, la domination excluſive & par conſéquent deſpotique encore des notables, c'eſt-à-dire de ceux entre les mains deſquels ſe ſont accumulés tous les moyens, tous les inſtruments de la Puiſ-ſance.

De ces trois deſpotiſmes, lequel eſt le pire, lequel le moindre, il n'importe ; mais, s'il y en a un qui a la chance de l'emporter fur les autres par la grandeur de fes excès, c'eft bien à coup fûr celui qui eft inintelligent comme les maffes, brutal comme la force, irrefponfable comme le nombre. Comment fe fait-il donc qu'on s'engoue de ce mot de *Démocratie,* & qu'on en faffe la fuprême expreffion du progrès focial ?

La démocratie n'eft, au contraire, que le règne anormal d'individualités orgueilleufes, parvenues au faîte à l'aide d'un fuffrage populaire, enlevé par de féduifantes promeffes ou impofé par la peur.

Quelle fingulière aberration de langage de confondre par conféquent les idées de démocratie & de république ! L'une, en effet, exprime une forme telle quelle, & fouvent glorieufe, de gouvernement ; l'autre n'eft jamais qu'un excès de prépondérance fociale des maffes populaires. Ariftote comprend mieux la valeur des mots, lorfqu'en expofant très impartialement les diverfes formes de gouvernement il dit de la *république* qu'elle peut *dégénérer* en *démocratie.* La démocratie n'eft donc pas plus la république, que l'auto-

cratie n'eft la monarchie. Difons-le à ce propos :
bien des gens font du mot de république le fynonyme de liberté, & de celui de monarchie le
fynonyme de defpotifme ; c'eft pourtant le contraire qui eft vrai, un contre tous étant affurément moins redoutable que tous contre un, car
la violence & l'irrefponfabilité font manifeftement
en raifon directe du nombre. Je pourrais bien
auffi rappeler ce que c'eft qu'un fuffrage démocratique, dit *univerfel,* qui d'un coup élimine arbitrairement la moitié de la nation, celle qui y a
le plus d'intérêt, qui n'y porterait pas le moins
de bon fens & qui, démocratiquement parlant, y
a tout autant de droit que l'autre moitié ; un fuffrage enfin, où les élus ne repréfentent le plus
fouvent que l'infime minorité du corps focial.
Quelle fincérité dans un tel fuffrage ! Mais il ne
s'agit ici que des formes du langage & non de
celles des gouvernements. Affez donc fur la Démocratie.

Nous ne ferons pas plus bienveillant, du refte,
pour le mot d'*Ariftocratie,* que l'on a tort de
même de confondre avec celui de nobleffe, ou
notabilité. Celui-ci, en effet, exprime une claffe,

une catégorie fociale ; celui-là, fa prédominance abufive. A ce point de vue, qui eft le grammatical & l'étymologique, il n'y a jamais eu en France d'ariftocratie proprement dite ; il n'y a eu que des nobles ou notables, car la féodalité même n'a été qu'un partage de fouveraineté. Or, des nobles ou notables, foit par l'origine, foit par la richeffe légitimement accumulée, foit par l'illuftration du génie, du talent ou des fervices, il y en aura toujours, dans toute nation qu'un radical focialifme n'aura pas transformée en un immenfe troupeau d'efclaves. Le Chrift lui-même a dit : *Que le plus grand foit le ferviteur des autres*. MAJOR : LE PLUS GRAND. Là eft la raifon férieufe du dévouement & du facrifice dans le miniftère focial, celui-là feul évidemment pouvant facrifier qui a de quoi facrifier.

Ajoutons que toujours à la longue, en dépit des fyftèmes imaginés par l'orgueil d'en bas contre l'orgueil d'en haut, ces notables feront appelés aux fervices publics, parce que toujours en eux fe rencontreront à un plus haut degré toutes les conditions à ce requifes, à favoir : la fcience, l'indépendance, la refponfabilité & ce puiffant efprit de fuite qui double l'individu de toutes les capacités accumulées de la race.

C'eft pour cela que nos pères exigeaient beaucoup de ceux qui afpiraient à fervir, & que, dans leur langage, fi précis, que j'aime fort à citer, ils nommaient les fervices publics des *charges,* faifant entendre par là qu'elles devaient pefer fur les confciences comme le fardeau fur les épaules, & coûter plus de peines & même de finances que d'agrément & de profit. Auffi les rémunéraient-ils plus en honneur qu'en argent.

Croyons-nous avoir perfectionné la politique, en ouvrant, fans conditions & garanties extérieures aucunes, toutes les carrières du fervice public à la foule de ces médiocrités befoigneufes, qui en font un métier vulgaire, où rien ne leur coûte, même des baffeffes, pour l'avancement ardemment convoité. Croyons-nous furtout avoir perfectionné la langue fociale, en fubftituant à ce beau nom de *charges,* fi moral & fi chrétien, le mot purement matériel & en quelque forte mécanique de *fonctions.*

On voit ce que peut produire de fauffes notions le langage incorrect, que parlent cependant avec tant d'affurance nos publiciftes les plus acceptés. Comment s'étonner après cela de l'exubérance de préfomption des très humbles flatteurs de la multitude, lorfque, glorifiant les temps où il leur eft donné d'exercer fur elle une fatale influence, ils nous parlent de leurs doctrines *radicales,* fe prétendent modeftement les efprits *avancés* de la nation, & nomment, avec la même modeftie, *rétrogrades* tous ceux qui ont le malheur de ne point penfer comme eux.

C'eft avec un fentiment de pitié quelque peu indignée que nous relevons ces prétentions exorbitantes. Le parti *radical!* Qu'eft-ce que cela veut bien dire? & que nous veut cet adjectif inexpreffif? Radical de quoi? Radical de qui? Veut-il dire radical en fait de vérités fociales & de réformes d'abus? Et qui n'eft radical à ce compte? Serait-ce, au contraire, en fait de renverfement complet de l'ordre focial, tel que l'a toujours conçu, dans fon enfemble effentiel, finon dans fes détails de formes, le bon fens du genre humain? Alors ce ne ferait, qu'il foit permis de le dire, qu'une fottife & une fottife criminelle; car il n'y a que des fots & des fots criminels qui puiffent fe mettre auffi *radicalement* en travers de ce grand train des chofes fociales, expreffion complexe permanente de la fageffe humaine & de l'action providentielle. Il faudrait donc s'expliquer nettement ; mais c'eft ce que ne veulent pas les perturbateurs radicaux de l'ordre focial. Il leur convient mieux de s'envelopper dans le myftère prudent d'expreffions indécifes, qui puiffent exercer fur le peuple la fafcination de l'inconnu.

Je voudrais bien favoir auffi en quoi font *avancés* ces théoriciens démagogues, lorfqu'ils reffaffent à la fière nation des Francs, qui, j'imagine, a joué jadis fous fes grands chefs un affez beau rôle dans le monde, des vieilleries de conftitution politique & fociale, dédaignées il y a plus de vingt fiècles par tous les efprits éclairés d'Athènes & de Rome, & depuis lors jufticiées par tout ce que l'humanité a produit d'efprits éminents & d'hommes d'État férieux. On n'eft *avancé* dans la voie de la fcience fociale, que lorfqu'on y a conquis une vérité, & non lorfqu'on y a *avancé* des paradoxes ; or, quant à ceux qui fe donnent pour tels de nos jours, il nous eft avis qu'ils ont plus de chances d'être claffés dans la feconde catégorie que dans la première. Avant de fe baptifer fi préfomptueufement eux-mêmes, qu'ils nous démontrent donc leur légitime exiftence !

C'eft comme ce mot de *Progrès* dont ils font fi fiers. Ils l'appliquent, en effet, naïvement au temps, non à l'idée. De ce qu'aujourd'hui eft autre qu'hier ils crient au progrès. Et fi cet aujourd'hui pourtant avait eu tort de changer cet hier? L'Humanité libre, mais paffionnée, ne peut-elle donc faire fauffe route? Et, quand cela lui arrive, le progrès n'eft-il pas, au contraire, de revenir fur fes pas, bien loin d'*avancer* dans le même fens? Au lieu d'agir directement, ne faut-il pas alors *réagir*? La *réaction* n'eft autre qu'une action oppofée à une autre action. Or, quand l'action eft mauvaife, la *réaction* n'eft-elle pas fageffe & retour au droit? Cependant que de crimes d'intolérance n'a-t-on pas commis avec ces mots fi mal compris de *réaction* & de *réactionnaires?*

Reconnaiffons-le donc, le temps n'eft qu'une préfomption de progrès; la raifon feule & la vraie fcience fociale décident de fa réalité. Quant au mot qui le nomme, ce n'eſt le plus ſouvent qu'une enflure de langage & une fatuité du préſent, que mettra à la raiſon peut-être l'action plus ſage de l'avenir. Les partis politiques parfois ſe complai-ſent un peu trop en face des conceptions de leur génie ; mais, ſous ce rapport, ce qui doit ſurpren-dre, c'eſt que les plus ſatisfaits, les plus aſſurés des penſeurs politiques.ne ſont pas ceux qui ont pour eux l'appui & la juſtification de la pratique & du temps ; ce ſont les rêveurs, les déclaſſés, les incapables qui, le plus ſouvent, ont toute l'aſſu-rance. Singulière contradiction d'un ſiècle affolé de ſcience *poſitive !* Dans l'ordre ſcientifique on mettrait de pareils eſprits, dépourvus de toute ex-périence, à la porte d'un laboratoire ; dans l'ordre politique, on tolère qu'ils eſſaient du premier coup ſur l'âme, ſans doute vile à leurs yeux, de toute une nation, l'expérimentation coûteuſe & ſi ſouvent funeſte de leurs vaines théories ! On ſe laiſſe prendre à leurs paroles, preſque toutes con-tradictoires à leurs penſées comme à leurs ac-tions ; &, le langage une fois fauſſé, beaucoup, en en uſant, finiſſent par penſer, parler & ſurtout, hélas ! agir comme eux.

Ces hommes affectent encore, dans l'ordre politique, une horreur profonde pour le mot & la chofe de *Légitimité ;* &, dans l'ordre de famille comme dans l'ordre moral même, ils fe révolteraient au feul reproche de l'illégitimité imputée à leur naiffance ou à leurs actions! Pourquoi cette fufceptibilité, fi la légitimité eft chofe fi damnable ? Les notions ne font-elles pas unes? & ce qui eft bon dans un ordre peut-il, dans l'autre, être déteftable ?

Une feule des locutions & des appellations de ces efprits, fi *radicalement avancés*, eft reftée jufte & fincère, & nous nous étonnons qu'ils l'aient fi ingénuement acceptée : c'eft celle de *Gauche* attribuée à leur parti. Il eft vrai qu'elle leur vient de la place qu'ils occupent dans les affemblées de la nation. Mais ne pouvaient-ils en enlever de force une autre? Ces procédés de fubftitution violente ne font-ils pas d'ordinaire les leurs? Ils fe nomment donc eux-mêmes gens de la *Gauche*. Au rifque de paraître attacher trop d'importance à un mot de fimple étiquette, ne pourrions-nous pas dire que vraiment ils ont bien raifon; car, à notre fens, ils donnent réellement à *gauche ;* ils penfent

& agiffent *gauchement* dans les chofes de la politique & de la penfée. Qu'on aille dire cependant à l'un de ces purs de l'extrême qu'il n'eft pas *droit* dans fa vie privée, qu'il eft *gauche* dans fes manières, qu'il donne à gauche dans fa conduite foit morale, foit civile, il s'en offenfera & à bon *droit*. Pourquoi ces contradictions ?... Quant à nous, elles nous charment comme des aveux. Le *Droit*, cette expreffion fuprême du jufte focial, le droit eft évidemment l'oppofé du *Gauche*. En tout cas, c'eft un faux langage ; & nous avons affez bien montré que le faux langage amène infenfiblement aux fauffes penfées. Ce ferait donc ici le cas de dire : *Habemus confitentem reum ;* Nous avons la propre confeffion de l'erreur.

Mais nos fophiftes retrouvent leur funefte habileté dans l'adoption d'un mot, qui eft comme la bannière fous laquelle ils fe groupent pour attaquer la fociété humaine fous toutes fes faces & dans toutes fes formes. Ce mot eft *Révolution*, ou pour mieux dire *La Révolution*. Originairement expreffif de faits phyfiques normaux, comme en aftronomie, par exemple, exact fous ce rapport & fort inoffenfif, il a été adopté par les foi-difant radicaux, — & même, quoique avec réferve, par des efprits moins exceffifs, — pour fignifier les moyens & le terme du renverfement général de l'ordre exiftant. Les foules abufées acceptent fans défiance ce mot d'ordre du défordre, qui leur promet le changement en mieux par les moyens qui font tourner tout au pire. Rien n'égale l'aveugle entraînement de tous les efprits à l'adopter. Il eft même devenu, ce mot, une forte de fétiche au pied duquel fe profterne tout ce qui refufe de s'incliner devant la puiffance légitime humaine, & furtout de s'agenouiller devant l'autorité fainte du Seigneur & de fon Chrift : hélas ! & fur fon autel facrilége, quels torrents de fang ont coulé !

Mais laiffons là cette terminologie brûlante de l'ordre politique. Auffi bien tout fe tient dans ces altérations du langage : l'ordre religieux va nous en fournir une dernière preuve.

Au temps où notre langue fe formait, & à celui où elle fe parlait le mieux, on nommait fort exactement *libertinage* tous les excès, tous les abus de la Liberté. Il y avait ainfi un libertinage & des

libertins de la penfée & de l'efprit, comme il y en
a de la matière & du corps. A cet égard, Calvin
& Boffuet s'accordent pour les flétrir les uns &
les autres de la même appellation.

Depuis lors, les libertins de l'efprit ont prudemment féparé leur caufe de celle de leurs con-
frères de la chair & du fang; & ils fe font fièrement décorés, ou habilement laiffé décorer, du
nom fonore & glorieux de *libres-penfeurs*. Cette
appellation, très mal à propos paffée dans l'ufage
de tous, eft fauffe, archi-fauffe, autant au moins
que celle de *philofophes*, qu'avaient ufurpée les déplorables fophiftes du dernier fiècle; car elle ne
tend à rien moins qu'à reléguer tous les croyants,
s'appelaffent-ils faint Thomas ou Defcartes, dans
la catégorie de ces ignorants & de ces faibles
d'efprit, à qui fuffifent la foi du charbonnier &
les fuperftitions du village.

On ne faurait trop protefter contre ce renverfement des lois du langage & cet oubli des grandeurs rationnelles de la doctrine chrétienne.

Pour être maintenue, en effet, fous le rayon
bienfaifant de la vérité révélée, rien n'eft plus
libre que la penfée du croyant: « *Là, où eft l'efprit de*

« *Dieu,* dit faint Paul (1), *là eſt la liberté.* » Et le Chriſt lui-même ne dit-il pas : *La vérité vous rendra libres ?* Il ferait facile, d'autre part, de prouver que ceux qui fe difent libres-penfeurs font les plus aſſervis aux préjugés miférables, aux préventions haineufes, aux affirmations & aux négations gratuites de l'efprit & de la volonté, les plus hoſtiles furtout à la liberté de penfer d'autrui; & que les croyants, au contraire, grâce aux lumières d'en haut, furajoutées à celles de leur raifon naturelle, s'élèvent beaucoup mieux aux fommets les plus ardus de l'intelligence, font plus refpectueux pour leurs adverfaires, & nous ont donné enfin les plus illuſtres penfeurs, les plus grands favants dont l'humanité s'honore.

A ce fujet évidemment on confond, ce nous femble, l'indépendance avec la liberté. Or, un être relatif peut être libre, mais ne peut être abfolument indépendant fans déchoir, fans périr; car, en fe prétendant tel, il fe fépare du principe & de la fource même de fa vie. Les foi-difant *libres-penfeurs* font donc tout fimplement les li-

______
(1) II Cor., iii, 17.

cencieux de l'ordre fpirituel, comme les libertins le font de l'ordre charnel; & leur vrai nom ferait les incroyants ou non croyants à la parole de Dieu, autrement dit les mécréants. Toutefois, pour ne pas croire à la révélation divine, ils n'en font pas moins crédules & dévotement foumis aux plus finguliers *Credo* que l'homme puiffe s'impofer.

Mais un tel nom ne leur faurait agréer. Ne faut-il pas à toute révolte ce vernis d'orgueil, qui brille faux, mais qui diffimule le mal & multiplie les complices ?

Il en a été de même, nous l'avons déjà indiqué, lors de la révolution religieufe du XVIᵉ fiècle. Les hérétiques s'intitulèrent alors *réformateurs;* ils prétendaient, en effet (& je laiffe en dehors la queftion de bonne foi dont Dieu feul eft juge), réformer l'Églife, qu'ils décapitaient de fon chef, qu'ils appauvriffaient de fes dogmes les plus traditionnels, qu'ils mutilaient dans fa hiérarchie, qu'ils fractionnaient dans fes membres. Dès lors, auffi, il n'y eut plus de chrétienté; il n'y eut que des chrétiens, & encore des chrétiens dont quelques-uns en font venus, tout en reftant miniftres du faint Évangile, à nier jufqu'à la Divinité même du Chrift ! Étrange réforme en vérité !

Auffi nos pères, qui ne s'abufaient point comme nous fur la valeur des mots, ne l'ont-ils jamais appelée que la *prétendue* réforme. Nous avons laiffé tomber l'adjectif en défuétude; & les idées fur cette phafe critique du Chriftianifme n'y ont pas gagné. Que doit, en effet, penfer un enfant, un jeune homme même, qui, en apprenant l'Hiftoire, entend parler pour la première fois du fiècle de la *Réforme*. Évidemment cette locution ne devra provoquer en lui que l'idée d'une époque heureufe, où l'Églife aurait reçu un perfectionnement dans fa conftitution & fon action fur les âmes.

A la même époque on vit furgir, à la voix d'un faint, un ordre célèbre, fe donnant la miffion de lutter contre l'efprit de nouveauté qui troublait l'Églife. S'il lutta vaillamment, il fufcita auffi de vives colères, des haines implacables. Je n'ai pas à faire l'hiftoire de ce duel folennel. Ce que j'en veux prendre pour mon fujet, c'eft que les paffions foulevées contre cet ordre en vinrent à ce point, que le nom même de fes membres, voué aux mépris des incroyants & parfois des croyants eux-mêmes, devenu l'expreſſion d'une grave injure, fut pris en fin de compte par les premiers comme le ſynonyme du nom même de prêtre, afin d'envelopper tout le ſacerdoce dans la même impopularité, les mêmes perſécutions. C'était, il faut le reconnaître, un moyen habile & commode de mettre en cauſe toute la religion, tout le clergé, & de tirer ſur eux ſans avoir l'air de les viſer. Ah! piperie de mots, comme diſait Montaigne, que de mal tu favoriſes, que d'in-juſtices tu recouvres!

Puis quand la paſſion antichrétienne n'a plus ſenti le beſoin de ſe diſſimuler ainſi, elle a, comme de nos jours, attaqué de front, ſans tou-tefois changer radicalement ſes allures. C'eſt alors qu'eſt ſurvenu l'emploi ſi fréquent, & ſi fré-quemment inexa&, du mot *clérical*. Tout a été clérical de ce qui tient, de ce qui adhère à l'Égliſe. Quel chrétien ne s'eſt entendu appeler ainſi? Et quoi de plus faux ſouvent que cette ap-pellation? On eſt clérical, quand on appartient au clergé; mais, quand on eſt laïque croyant, on eſt catholique & rien de plus. Voilà le vrai; & le reſte n'eſt que manière d'exciter les averſions & les haines, dans les eſprits que toute apparence ſacerdotale met en verve de dédain & d'inſulte. Car, grâces à ce mot, il y a quelque choſe de plus voilé dans l'agreſſion ; & elle ſe fait par là même mieux accepter par les moins impies, que plus de hardieſſe riſquerait de ſcandaliſer.

N'eſt-ce pas le même beſoin de dénigrement, qui a fait affubler, comme nous le diſions en commençant, ces bons frères inſtituteurs d'un nom qui eſt un ſtigmate d'ignorance. Et cependant il ſe trouve que ces *ignorantins* triomphent, ſur toute la ligne du champ de bataille de la ſcience, de ces inſtituteurs laïques ſi préférés, ſi vantés; qu'ils monopoliſent en quelque ſorte les bourſes des concours; qu'ils ajoutent encore à ces ſuccès inconteſtables les dévouements héroïques ſur les champs de bataille de la vraie guerre, & même les palmes du martyre ſur les forums déshonorés de la démocratie.

On n'en demande pas moins la ſuppreſſion de tout caractère religieux dans l'enſeignement, & plus généralement encore la *ſéparation* de l'Égliſe & de l'État.

J'ai traité cette queſtion plus haut; auſſi, au point de vue qui nous occupe, il ſuffit de le rappeler : le mot de *ſéparation* n'eſt juſte que dans la bouche de ceux qui repouſſent radicalement la doctrine catholique; pour ceux qui la profeſſent, il va trop loin. Ces derniers confondent, en effet, la *ſéparation* des divers éléments ſociaux avec leur *diſtinction* harmonieuſe. Oui; le ſpirituel & le temporel doivent être diſtincts; mais ſéparés, jamais. La ſéparation des éléments conſtitutifs d'un être vivant, c'eſt ſa mort; la diſtinction de ces mêmes éléments, c'eſt ſa vie &, le mot même le dit, ſa beauté. Loin d'y réſiſter, l'Égliſe la demande; & c'eſt même un des plus grands bienfaits qu'elle ait apportés au monde.

Nous arrêtons ici cette étude grammaticale que chacun peut continuer à ſon gré dans ſa pratique des hommes & des choſes, à la ſeule condition de réfléchir quelque peu ſur tous les mots en vogue qu'il ſerait tenté d'employer.

Avant de recevoir un mot & de s'en ſervir, il faut l'éprouver, comme on éprouve une monnaie à apparence ſuſpecte, qu'on ne doit accepter en paiement & remettre en circulation qu'après l'avoir foumis à ce févère contrôle. C'eft là un devoir ftrict pour l'efprit & pour l'âme de quiconque comprend ce que c'eft que la vérité & nos devoirs envers elle.

S'il eft vrai qu'on mène l'homme avec des mots, on doit reconnaître que la faine fcience eft tenue de le prévenir des tromperies grammaticales dont il eft menacé, des fauffes routes logiques où il peut être entraîné par tous ceux qui, fous des noms empruntés, fe produifent devant lui comme des repréfentants légitimes de la vérité fcientifique, politique & religieufe.

CONCLUSION

—

Nous avons difféqué & analyfé le corps focial,
la famille fociale, la fociété en un mot, en fes
éléments conftitutifs ou effentiels ; & nous en
arrivons à pouvoir affirmer qu'en toute fociété
bien organifée les trois éléments d'*autorité*, de
liberté & de *miniftère*, par nous fi fouvent figna-
lés, doivent fe rencontrer diftincts & vifibles, &
que plus ils feront vifibles & diftincts, plus ladite
fociété fe fera rapprochée de cet idéal d'organifation qu'elle doit tendre à réalifer, & dont la gra-
dation fe conftate fi manifeftement dans la conftitution des individus eux-mêmes. La diftinction
des organes dans l'être eft, en effet, le figne ca-
ractériftique de fon élévation dans l'échelle zoo-
logique : la vie phyfiologique, d'abord indécife
dans le polype & confufe dans le zoophyte, s'accufe nettement dans l'animal organifé, & de proche

en proche s'épanouit enfin dans l'homme, le plus distingué des êtres vivants.

Il en doit donc être de même dans tout ce qui est humain, car à même nature même loi. Mais il faut non moins rigoureufement que cette diftinction foit maintenue dans l'ordre par le lien fouple & ferme d'une harmonieufe unité; il faut, en d'autres termes, que chacun des trois éléments refte fagement dans fa fphère légitime d'action, & n'afpire pas à fupprimer les autres ou à les abforber. Et de même que, dans l'individu, les pieds ne fauraient prétendre le faire marcher fur la tête, & le ventre le gouverner; de même que, dans la famille, le père ne faurait être le fubordonné & les enfants les maîtres; de même, dans l'ordre politique, le peuple proprement dit ne faurait férieufement prétendre à une fouveraineté qui n'exifte qu'à la condition d'être abdiquée, & les miniftres à un gouvernement dont ils ne font que les ferviteurs. Il n'eft pas moins important non plus que, comme la tête ne doit commander que pour le bien du corps & le père que pour celui de la famille, le chef politique ne fe préoccupe que de celui de la nation, & fe préferve de l'orgueil & des entraînements d'un pouvoir qui eſt affranchi ou qui s'affranchit de tout frein.

Mais l'homme, avons-nous dit, réſiſte mal aux féduĉtions du pouvoir abſolu.

Cela nous ramène, par conféquent, à la préférence déterminée de cette quatrième forme de gouvernement, que nous conſidérons comme la plus rapprochée de l'idéal focial, parce qu'elle exclut autant l'humiliant *bon plaiſir* de la monarchie pure, que *l'abſolutiſme irreſponſable* des gouvernements purement populaires.

Ce ſerait le cas de décrire & de caraĉtériſer en terminant les prédominances exceſſives des trois éléments fociaux, ſi ce n'était depuis longtemps le thème obligé de toutes les élucubrations des gens d'ordre & de défordre, faifant mouvoir une plume politique. Repréſenter, d'une part, le deſpotiſme du chef, avide de brutale domination & de jouiſſances égoïſtes ; de l'autre, l'anarchie emportée des maſſes, enivrées d'idées incompriſes & de groſſières appétences ; &, en troiſième lieu, le miniſtère focial de tout ordre, toujours auſſi près du fervilifme que de la trahiſon : c'eſt trop facile en vérité; & le bienfait de l'harmonie de ces trois éléments fociaux fe peut affurément comprendre & apprécier fans l'auxiliaire de telles peintures.

Trois mots, du refte, nous l'avons dit, y fuffifent : *autocratie*, *démocratie*, *ariftocratie*, mots également mal notés dans la vraie fcience fociale, & qui n'ont de fens férieux qu'à ce point de vue & dans cet ordre d'idées. Oui, qu'on nous paffe une telle façon de parler! toutes ces *craties* font malfaines, puifque chacune caractérife une prédominance exclufive & par conféquent abufive de l'un de ces trois éléments fociaux, le chef, le peuple & les miniftres, dont la triple action coordonnée eft néceffaire pour réalifer l'état focial complet. Nous avons expofé plus haut les triftes caractères de ces trois abfolutifmes également déteftables, bien qu'un préjugé populaire, confondant très maladroitement le fecond avec l'idée de république, veuille en faire un principe de gouvernement & une forme du progrès focial.

Et cependant, admis le caractère divin de tout pouvoir humain (& nous l'avons établi, je penfe), il eſt inconteſtable que l'inſurrection, bien loin d'être le plus ſaint des devoirs, eſt un mal, eſt un crime, parce qu'elle eſt une violation de cet ordre providentiel qui préſide à la conſtitution des Puiſ-ſances. L'obéiſſance aux autorités établies ne doit donc pas ſeulement être extérieure & apparente, elle doit procéder du fond intime de la con-ſcience & lier les intentions tout autant que les actes extérieurs. Eſt-il néceſſaire de dire néan-moins qu'il ne peut s'agir ici de ces triomphes momentanés de bandits politiques, contre leſquels toutes les énergies de la légitime défenſe ſont de droit.

Mais ſi l'homme eſt ainſi tenu à une pleine ſoumiſſion, faudra-t-il en conclure qu'il doit ſe courber ſervilement devant un Pouvoir, qui s'in-ſurge lui-même contre le Pouvoir de Dieu ? Non, mille fois non. Si la réſiſtance active lui eſt inter-dite, la réſiſtance paſſive eſt alors ſon droit, ou, pour mieux parler, ſon devoir. Il doit dire avec les apôtres : *Il eſt mieux d'obéir à Dieu qu'aux hommes*, & ſe refuſer à l'acte inique exigé de lui, au péril même de ſa vie.

Eſt-il beſoin d'ajouter qu'au regard de la

fimple loi humaine, le citoyen a toujours, comme faint Paul devant le tribun, le droit de réclamer le bénéfice de cette loi, du pouvoir qui tenterait de la violer, & que cette fière revendication ferait même moins une réfiftance qu'une défenfe de la vraie bafe de l'ordre focial ? Cette proteftation au nom du droit méconnu contre la force officielle eft même la feule énergie, qui honore la confcience, & qu'autorife la loi de Dieu. Car le Chrift, ce divin modèle de l'humanité, n'a point donné l'exemple de l'infurrection, mais du martyre; & fi le fang des martyrs religieux eft une femence féconde, celui des martyrs du droit focial eft toujours à la longue le gage du triomphe de ce droit violé!

Qu'on ne défefpère donc point de la Société à la vue des excès d'un Pouvoir infidèle à fa miffion. Le crime, en effet, n'a qu'un temps; le droit feul eft éternel; la juftice divine a toujours l'œil ouvert fur la violence humaine; &, dans tous les cas, pas plus dans la fociété politique que dans la fociété domeftique, ce n'eft le défordre qui peut reftaurer l'ordre, & l'ufurpation, le droit.

Reconnaiffons-le encore : ce n'eft pas toujours fous le poids de fes fautes ou de fes injuftices que le Pouvoir fuccombe. La cataftrophe a fouvent d'autres caufes ; & alors la nation, coupable de cet attentat, fubit longtemps les horribles contre-coups de fes indignes violences.

Que devient alors le Droit renverfé ? Va-t-il s'anéantir comme un fait tranfitoire ? Et ce peuple décapité fera-t-il éternellement condamné à languir dans les hontes & les dangers de l'anarchie ?

C'eft ici que fe révèle la force intime de ce grand agent de Dieu, le Temps, auffi puiffant pour rétablir que pour inftituer le Droit. Du fein même de cet affreux défordre un Pouvoir de fait furgira, honteux d'abord & contefté, plus tard fe purifiant & reniant fon origine ; le temps alors peu à peu l'enveloppera de fon myftère ; &, après une lente & fouvent périlleufe incubation, l'enfantera définitivement à la vie du droit.

Ainfi, grâce à cette vertu fecrète de la durée non contredite, le Pouvoir redeviendra digne du respect des hommes; & la société pourra reprendre avec assurance sa marche interrompue dans la voie de la justice.

Sans doute le Droit pur est imprescriptible, & sa revendication est éternelle; mais, en tant que droit appliqué, il est, comme toutes les choses matérielles, soumis aux règles de la possession; &, si cette possession devient paisible, si la revendication s'éteint, rien alors ne distingue plus le fait du droit : il devient un agent d'ordre, il a conquis le respect; & c'est avec raison en ce sens qu'on a nommé la prescription *la patronne du genre humain,* quoiqu'à un autre point de vue elle soit dite *la preuve des improbes.* Sans elle, en effet, le droit une fois violé eût disparu pour toujours de la société humaine.

Toutefois que la conscience ne se hâte point de s'incliner devant le fait accompli. La durée de la prescription en ces matières n'a point de rapport avec celle des actions & des droits civils; ce n'est pas par années, c'est par siècles qu'il faut compter, car ainsi se comptent les âges des nations; & cette computation se perd par conséquent dans le secret bien souvent impénétrable des conseils divins.

Ainſi le temps crée tout autant qu'il détruit; &, ſemblable à ces bourreaux maſqués qui jadis abattaient les têtes des rois, il n'en eſt pas moins l'inviſible artiſan des ſouverainetés nouvelles. Car il faut que la ſociété vive; & le pourrait-elle dignement ſans le Droit, qui eſt la véritable préſence réelle de Dieu, en ſon ſein ſi ſouvent troublé?

Rien n'eſt beau néanmoins comme le ſentiment perſiſtant de la fidélité politique & nationale; & c'eſt un noble ſpectacle que celui de ces quelques hommes, qui continuent d'honorer le droit ou la patrie vaincus en face de la force victorieuſe, qui ſouvent même font au droit ou à leur nationalité le grand ſacrifice de la vie. Ceci eſt la vertu politique ou patriotique dans toute ſa ſplendeur; tous les hommes, même les adverſaires, en ſecret l'admirent; & elle peut peſer, croyons-nous, d'un grand poids dans la balance providentielle des deſtinées nationales.

Cependant ces nobles proteſtations, ces courageux efforts ne peuvent éternellement entraver le cours des viciſſitudes du Droit dans le monde; & il vient un moment, que nul ne peut préciſer, où

le temps prononce un arrêt, auquel toute confcience peut acquiefcer fans héfitation comme
fans déshonneur.

Mais le Droit, n'eft-ce que cette décifion orale
ou écrite, fi fragile & fi variable, qu'on appelle
vulgairement la loi? Gardons-nous de le croire.
La loi n'eft point fimplement une de ces innombrables formules, trop fouvent expreffives des paffions defpotiques & des erreurs fociales des Pouvoirs & des Peuples en leurs divers âges. Non,
la vraie loi n'exifte pas par fa feule rédaction; il
faut qu'elle repofe en fon intime effence fur ces
principes de juftice & de morale abfolues, fans
lefquels, dit Boffuet, toute loi eft nulle de droit.
Le légitime précède le légal : la légitimité (le mot
le dit affez : *legis intimum*) n'eft-elle pas l'intime
de la légalité ?

Mais ce qui n'eft que légitime n'eft pas exécu-
toire; ce qui n'eft que légal eft fouvent impuiffant.
A l'un le for intérieur, à l'autre le for extérieur,
mais exclufivement. La loi fe doit donc compli-
quer forcément de légitimité intime autant que de
légalité extérieure. Si celle-ci eft fa forme nécef-

faire, celle-là ne devra pas moins être fa néceffaire fubftance ; & la loi n'exiftera vraiment, n'aura vie active & féconde, qu'autant que la légitimité & la légalité fe feront unies pour la produire, qu'autant qu'elle procédera de ces deux grands auteurs. Pourquoi donc la légitimité eft-elle honnie & re-pouffée ? C'eft qu'on emploie les mots fans ré-flexion, & que les paffions politiques ne fe piquent point de logique dans leur langage.

Enfin, qui fait la loi ?... Queftion dont la réponfe ferait à remplir un livre, & qui, du refte, importe peu à nos théories ; car, quelque variables que foient les modes de fa confection, ils font tou-jours acceptés à la longue, & cette acceptation fuffit pour concilier à la loi le refpect néceffaire.

C'eft la forme des gouvernements, du refte, qui en décide ; & ce que nous en avons dit plus haut prouve affez bien que la loi la meilleure, la plus expreffive du génie & de la civilifation d'un peu-ple, fera celle qui fe produira comme l'œuvre commune de tous fes éléments affociés en un har-monieux effort. C'eft la forme parfaite de gouver-nement, que celle qui réunit en elle tous les avantages de la monarchie, de la république & de l'oligarchie fans leurs inconvénients; forme, nous l'avons dit, qui peut réalifer dans la loi l'unanime volonté d'un peuple, délibérant férieufement, & ftatuant lui-même, fous la préfidence de fon chef héréditaire & contradictoirement avec fes grands miniftres, fur fes droits les plus juftes & fes intérêts les plus chers.

Telles nous femblent être les bafes de la conftitution des fociétés en général, tels leurs moyens d'union, de cohéfion & d'action intérieures.

Quant à leurs relations extérieures ou de peuple à peuple, elles font l'objet du *Droit international*, qui n'a qu'un rapport de fimilitude très élargie avec le Droit politique proprement dit. Ce droit réclamerait une œuvre à part; & il n'a pas manqué de grands efprits pour tenter d'en fixer les principes. Pour nous, il nous fuffira de dire, en général, que ce droit a pour bafe les mêmes principes que le droit par nous plus haut étudié; qu'il exclut par conféquent la force quand elle n'eft pas la noble efclave de la juftice; qu'une nation n'a pas plus le droit de fuicide qu'un individu, & que,

nonobftant toute queftion de refpectable dignité
& de jufte indépendance, il eft des cas exceptionnels, où il faut que fes voifins la fauvent malgré
elle, comme on tire du fleuve malgré lui un homme
qui veut s'y noyer; que le principe de non intervention abfolu n'eft qu'une formule d'égoïfme national, & parfois même une complicité du mal
ainfi refpecté; que par conféquent les bons offices
& l'aide réciproque font de droit & même de devoir; que l'afferviffement des peuples les uns par
les autres eft un indigne abus de la force; que le
droit de conquête, en d'autres termes, n'eft qu'un
refte de la barbarie du droit international antique,
comme la polygamie & l'efclavage étaient le déf-
honneur de fa loi de famille & de fa loi morale;
car il eft auffi odieux d'affervir une nation au chef
d'une autre nation que d'affocier une femme à
l'homme qui a déjà une autre femme, & que de
livrer un homme à la merci de fon femblable; qu'il
ferait heureux, enfin, qu'une forte d'accord am-
phyctionique permît de décider les différends de
peuple à peuple autrement que dans les jeux fan-
glants de la guerre, & que, fous ce rapport, la
vieille Chrétienté aurait pu donner des leçons &

même des exemples à nos temps si fiers de leurs progrès.

Mais revenons aux dernières conclusions à tirer de toutes ces Études, au point de vue de la politique intime de chaque peuple.

Évidemment l'état social n'est qu'une manière d'être, naturelle autant qu'artificielle, par laquelle l'humanité tend à un but digne de celui qui en est l'agent direct & doit en être le bénéficiaire immédiat, digne surtout de Celui qui en est le principe & la fin.

La gloire de Dieu, en effet, est le but supérieur de la Société humaine. L'homme, en reproduisant & en conciliant dans sa constitution sociale l'autorité, la liberté & le ministère même de Dieu, chante par là même un hymne continu à la gloire de cette ineffable Société divine, dont chaque membre personnifie en elle les trois éléments de toute puissance, de toute hiérarchie & de toute activité sociales; il réalise, en un mot, ce grand vœu que le Christ adressait pour les hommes à son Père : *Qu'ils soient un comme nous sommes un !* Précieuse unité de la cité des hommes, symbole

& prélude de la fainte unité des élus dans la Cité de Dieu!

Mais au-deffous de ce but premier, dont la foi place le terme extrême dans le monde des grandes efpérances & dont la charité eft le mobile moins intéreffé, il y a un but plus humble, plus actuel, qui fe place dans ce monde changeant & périffable, où Dieu pourtant a voulu que l'homme trouvât en fuffifante proportion les fatisfactions légitimes de la vie, & en pleine jouiffance celles de la dignité de l'être.

Or, ce double bienfait s'obtient, d'individu à individu comme de peuple à peuple, par la réalifation de l'*Ordre* dans la *Liberté*. Le premier, en effet, fauvegarde la feconde, comme la feconde ennoblit le premier; car fans ordre la liberté dégénère en licence, comme fans liberté l'ordre s'exagère en defpotifme.

Serait-il befoin maintenant de définir & de déterminer ces deux chofes?... Radieufes & faififfantes, ne s'emparent-elles pas de l'intelligence fans l'intermédiaire du raifonnement? Leur feul nom prononcé ne réveille-t-il pas une inexprimable fympathie, qui, mieux que toutes les paroles, attefte leur correfpondance effentielle avec le plus intime de notre efprit & de notre âme?

On pourrait donc s'arrêter là.

Toutefois, comme les plus hautes réalités de la Métaphyfique fociale font fouvent contredites par l'orgueil des hommes d'État & des hommes de Révolution, il eft utile en finiffant de réduire à des formules aphoriftiques les notions corrélatives de l'ordre & de la liberté, de manière à les défendre des fophiftes, comme la force le doit faire des violents.

Pour que l'ordre exifte, avons-nous dit, il faut qu'il foit donné : *ordre* eft fynonyme de *commandement ;* il s'identifie ainfi avec l'autorité même, dont il procède néceffairement; & par conféquent tout ennemi de l'autorité eft fon ennemi.

La liberté donc n'eft point première, mais feconde : elle procède de l'autorité & s'exerce fous fon égide ; &, ne l'oublions pas, *limite* réciproque des êtres, elle ne peut être par conféquent *illimitée.*

La propriété, n'étant que le complément extérieur de la liberté & comme fon ombre portée fur la terre, eft néceffairement auffi, généralement parlant, d'ordre privé & individuel. Elle fuit par conféquent inévitablement les phafes de celle-ci; & il eft naturel de voir les fectaires communiftes tyrannifer les hommes en les fpoliant. Toutes les doctrines fociales qui, en matière de propriété, ont pour but de fubftituer le droit abforbant de l'État à ceux de l'individu ou de la libre affociation, outre qu'elles coupent dans leurs racines & tariffent dans leur fource le travail & l'effort de chacun, n'ont-elles pas, en effet, pour réfultat inconteftable de bleffer à mort la liberté, puifqu'elles tendent à remplacer l'ordre moral du libre travailleur par l'odre brutal d'un troupeau humain, opérant la tête baffe fous le fceptre d'un maître? Et quel maître, & quel fceptre, en vérité!...

Il eft donc fuperflu, indigne même d'un fier & généreux efprit, de difcuter toutes ces vieilles erreurs fociales, thème favori des déclamations de la démocratie qui fe dit avancée. Elle a beau fe croire telle pour avoir inventé les mots, fonores parce qu'ils font creux, de *focialifme*, de *collectivité*, de *liquidation fociale*, & tant d'autres de même bruit : ce jargon fuperbe ne fuffit pas à voiler aux efprits fagaces l'inanité des théories fauvages & fouvent ridicules qu'il recouvre. Au fond, on ne faurait trop le redire, ce font moins encore des doctrines que des engins de guerre, imaginés par les mécontents & les déclaffés de tout genre, pour battre en brèche une fociété, qui a l'irré-miffible tort de ne pas vouloir utilifer leur génie & leurs talents méconnus; ce n'eft ainfi que la ruine & la mort de ce qui eft, fans l'édification de ce qui doit être ; & l'effroyable expérience, qui en a été déjà tant de fois faite par notre pauvre pays, n'en donne que trop la preuve.

Les idées foi-difant communaliftes, qu'on a tenté de fuperpofer de notre temps à ces théories ufées, & qui ont pour objet de remplacer les grandes unités nationales par de petites unités fédératives rivales & néceffairement anarchiques, ces idées, dis-je, bien loin encore d'être un progrès, ne font qu'un pas, & un grand pas, en arrière dans la voie de la civilifation, qu'un petit anachronifme de quelques fiècles, qu'un retour, en un mot, à cet état d'enfance fociale, où, la puiffance unitaire faifant défaut, chaque cité était forcée d'avifer à fa fûreté, conformément au droit naturel de la sécurité commune & de la légitime défense.

Quand un peuple, au contraire, est parvenu à former péniblement son faisceau national, n'est-ce pas une folie de le rompre, sous le vain prétexte que le lien est trop étroitement serré ? N'est-il pas plus simple alors de le relâcher que de le briser ? Et ceux-là font-ils de bons citoyens, qui aspirent ainsi à démembrer pièce à pièce le corps social ?

Que si l'on ajoute que tous ces utopistes ont pour point de départ la négation sacrilège du Législateur souverain, du Dieu qui est le principe de toute Société comme de tout être, la raison vivifiante de tout droit comme le juge nécessaire de tout devoir, il ne saurait y avoir de bornes à la pitié & à l'effroi, qu'inspirent à tout cœur croyant & honnête des tendances aussi désolantes, d'aussi criminels efforts.

Qu'en adviendra-t-il ?... Dieu a bien dit qu'il se moquerait & se raillerait de ses ennemis & de ceux de son Christ ; mais qu'augurer du sort des sociétés qui les tolèrent, qui les caressent, & fouvent même les admettent dans leurs Conseils ? Les cataftrophes les plus horribles pourront-elles au moins les rappeler au fentiment de leurs deftinées fauffées & de leur falut compromis ? Nous le fouhaitons ; & nous l'efpérerions, même contre toute efpérance.

Puiffent ces quelques idées, produites fous l'infpiration d'un patriotifme auffi ému que dévoué, contribuer à redreffer bien des opinions erronées, & à retirer les efprits du bord de ces abîmes d'anarchie, où le vertige les prend & menace de les entraîner en d'infondables profondeurs ! .

POST-SCRIPTUM

—

A ceux de fes lecteurs que les préfentes Études auraient intéreffés au point de leur infpirer le défir de pénétrer plus avant dans les grands problèmes de la Science fociale, l'auteur ofe indiquer un de fes précédents ouvrages intitulé : *Des Lois intimes de la Société,* dans lequel ils trouveront notre expofé général de cette haute fcience, auffi peu connue qu'elle eft digne de l'être, & les formules, en quelque forte parlantes, de toutes les lois que nous nous fommes borné à appliquer dans les pages qu'on vient de lire.

Ces lois affurément faififfent l'efprit de tout lecteur fur une fimple énonciation, parce qu'elles font vraies; mais, pour celui qui ne craint point l'effort de l'attention fcientifique, la fatisfaction eft bien plus grande en face d'une vafte fynthèfe, qui les réunit toutes en les coordonnant. A la certitude des chofes les efprits élevés & rigoureux ne doivent-ils pas fe plaire à ajouter la connaiffance approfondie de leur raifon d'être & de leur but dernier ?

A. M.

TABLE

DIJON, IMP. DARANTIERE, HÔTEL DU PARC

DIJON, IMPRIMERIE DARANTIERE

Hôtel du Parc, rue Chabot-Charny.

www.ingramcontent.com/pod-product-compliance
Ingram Content Group UK Ltd.
Pitfield, Milton Keynes, MK11 3LW, UK
UKHW022059120726
13694UKWH00001B/238